JN155973

戦後映倫関係資料集

第3巻　映画倫理規程審査記録(2)

解説　中村 秀之

クレス出版

戦後映倫関係資料集　第1回　■各巻収録一覧■

第1巻　映画倫理規程審査報告

映画倫理規程審査報告

●日本映画連合会

第1号《昭和24年7月27日》
第2号《昭和24年8月27日》
第3号《昭和24年9月27日》
第4号《昭和24年10月27日》
第5号《昭和24年11月27日》
第6号《昭和24年12月27日》
第7号《昭和25年1月27日》
第8号《昭和25年2月27日》
第9号《昭和25年3月28日》
第10号《昭和25年4月28日》
第11号《昭和25年5月28日》
第12号《昭和25年6月28日》
第13号《昭和25年7月28日》
第14号《昭和25年8月28日》
第15号《昭和25年9月28日》

第2巻　映画倫理規程審査記録(1)

映画倫理規程審査報告

●日本映画連合会

第16号《昭和25年10月27日》
第17号《昭和25年11月28日》
第18号《昭和25年12月28日》
第19号《昭和26年1月26日》

映画倫理規程審査記録

●日本映画連合会

第20号《昭和26年3月1日》
第21号《昭和26年4月5日》
第22号《昭和26年5月5日》
第23号《昭和26年6月5日》
第24号《昭和26年7月5日》
第25号《昭和26年8月5日》

第26号《昭和26年9月5日》

第3巻　映画倫理規程審査記録（2）

映画倫理規程審査記録

●日本映画連合会

第27号《昭和26年10月5日》
第28号《昭和26年11月5日》
第29号《昭和26年12月5日》
第30号《昭和27年1月5日》
第31号《昭和27年2月5日》
第32号《昭和27年3月5日》
第33号《昭和27年4月5日》
第34号《昭和27年5月5日》
第35号《昭和27年6月5日》
第36号《昭和27年7月5日》
第37号《昭和27年8月5日》
第38号《昭和27年9月5日》

※収録した全資料は国立国会図書館の許諾を得て、マイクロデータから復刻したものである。資料の汚損・破損・文字の掠れ・誤字等は原本通りである。

映画倫理規程審査記録

第27号

※収録した資料は国立国会図書館の許諾を得て、マイクロデータから復刻したものである。
資料の汚損・破損・文字の掠れ・誤字等は原本通りである。

27

映画倫理規程

審査記録

26.9.1—26.9.30

日本映画連合会

映画倫理規程管理委員会

目次

1 管理部からのお知らせ……a―1
2 審査脚本一覧……a―3
3 脚本審査概要……a―3
4 審査集計……c―1
5 審査映画一覧……c―5
6 映画審査概要……c―10
7 宣伝広告審査概要……c―12
9 各社封切一覧……c―13

管理部からのお知らせ

○去る九月六日　千葉市に於て県興行組合主催の下に　年少観客と映画の問題について懇談会が開かれました。

最近いろいろ論議されました事案に関する一つのテスト・ケースとして注目すべき事柄でありますから　当日の模様と新聞報道の発表文によってお知らせ致します

＊　＊　＊

九月七日附

千葉県興行組合映倫委員らを招き　映画と年少者観覧の問題につき懇談会を開催

映画劇場に於ける年少者の観覧制限の問題をめぐり　広く映画の内容が彼等に与える影響についての論議が世論の注目を集めつゝある折柄　千葉県興行組合では九月六日（木）午后二時から　千葉市千葉新聞会館に於て　CIEスロット映画課長　映画倫理規程管理委員会より池田副委員長　阿部管理委員　小林専門審査員を招き　県庁　教育庁　国警本部　民生部　学校教育方面の関係代表者諸氏を招待して意見交換の懇談会を開催し

た。興行組合よりは森本組合長　林副委員長　今井理事長以下組合役員出席　定刻森本氏司会の下に先ず池田映倫副委員長起つて成人映画の問題を引きつつ、倫理規程の性格と運営状況を説明　次いでスロット氏は日本映画の浄化に対する倫理規程の努力を賞讃しこの困難なる事業が業界と世論の協力によって健全な発達を遂げんことを望むと挨拶出席者より本日のテーマをめぐって提出される具体的質問に対し　懇切なアメリカに於ける観覧指導の実況を説明し　この問題が関係者の実際的な研究と協調とによって児童教育の上に歩一歩堅実な成果をもたらさん事を希望した。

出席の各氏よりもそれぞれの立場よりする熱心な現状報告と希望意見が開陳され　約三時間に亘って懇談が続けられたが午后五時　森本組合長はこれを機会に千葉県の地域団体関係者を選んで民間の実行委員会を結成し　映画と年少者観覧の問題につき具体的な実施案を研究したいと述べ　盛会裡に散会した。

審査脚本一覧

会社名	題名	受付日	審査終了日	備考
東宝	赤道祭	八、二七	九、一	
東映	警察予備隊（第一稿）	六、一二		
〃	この旗に誓う 改訂版	八、三〇	九、三	「警察予備隊」の改題改訂第二稿
大京映画	陰獣を逐う七人の女	八、二九	九、四	
東映	流賊黒馬隊 第一部 暁の強襲	九、三	九、四	
新東宝 新合映画	女豹の地図	九、三	九、六	
新東宝	平手造酒	九、三	九、六	
新東宝	母は嘆かず	九、五	九、六	
新東宝 伊藤プロ	高原の駅よさようなら	九、六	九、七	
大映	馬喰一代	九、八	九、一〇	

大映	母人形	九・一八	九・一〇	
大映	飛騨の三四郎	九・一〇	九・一三	
松竹	夢多き頃	九・一〇	九・一二	
東映	異説石川五右衛門	八・一六		
〃	改訂版	九・四		改訂第二稿
〃	改訂版	九・一一	九・一三	改訂第三稿
東宝	めし	九・一三	九・一四	
松竹	鞍馬天狗決定版 鞍馬の火祭	八・七		
〃	改訂版	八・二四	九・一七	改訂第二稿
新映株式会社	江淚草	九・一七	九・二〇	
松竹	吃七捕物帖 一番手柄	九・一九	九・二七	
新東宝	この果てに君ある如く	九・二七	九・二八	
松竹	薩摩飛脚	九・二七	九・二八	

◎新作品……………………一九

シナリオ数……………………二三（内改訂版四）

内訳＝松竹五（内改訂版一）　東宝二　大映三

新東宝五　東映六（内改訂版三）　大京映画一

新映（株）一

審査シノプシス……………………ナシ

脚本審査概要

赤道祭	東宝

製作　田中友幸
原作　火野葦平
脚本　棚田吾郎
監督　佐伯清

水産科学に青春の情熱を捧げる学生をめぐる南海のラブ・ロマンス

(1) 玉城満吉は沖縄の糸満漁師の親分と云うことになっているが　沖縄の現状を考慮して沖縄生れの男と改訂希望　（国家）

(2) シーン35　第四郎「いま琉球に行くのはむつかしいんですか？」
　満吉「赤道に行く方が簡単ですま……」
とあるが　これでは琉球に何かを感じさせるものであるから　適当に改訂希望　（国家）

(3) シーン21　人魚の肉体露出限度につき充分の注意をして戴きたい　（風俗）

(4) シーン120 満吉と思鶴との争いのシーンは風俗上の点を十分注意して演出して貰いたい。（風俗）

(5) シーン121 満吉と幕四郎の格斗のシーンは過度な感じにならないよう演出上注意して貰いたい（社会残酷）

警察予備隊	東映

製作 金平軍之助
脚本 沢村勉
監督 小杉勇

a—7

さまざまの境遇にある隊員の挿話を綴りつつ、警察予備隊の精神と理想を描く

当方の希望事項は次の通りである

1 シーン5 〃ベッドに横たわる真住の腕に医務官が注射をうつ〃の一行は削除を希望
（法律）

2 シーン27 〃シンガポール〃は〃南方〃と訂正希望 （国家）

3 シーン28 〝憲法は人間が作るものだ　その時の都合で改めて行くのは当然のことだ〟
〝そんな馬鹿なこと〟
及び
〝戦争のない平和なんてものは　卑怯者が考える夢だ〟は何れも削除を希望
(国家)(二ヶ所)

4 シーン43及び62
〝兵隊さん〟は〝予備隊さん〟に訂正希望　(法律)

5 シーン51 〝はい　面白いほど儲かりますからね　軍需景気と云う奴は〟は　削除を希望
(国家)

6 シーン57 接吻のシーンでベットの使用をやめることを希望　(性)

7 シーン67 〝ばかだなあ　お前　鉄砲ほしがってる奴はいまいくらでもあるんだぜ　カー
ビンが一番高く売れるんだ　刑務所襲撃　高官暗殺　社会攪乱　使い道はい
ろいろあるからな〟
〝世界情勢がもっと険悪になりゃあ　値段は上る一方だぜ〟
以上の削除を希望　(法律)(二ヶ所)

2—8

8　シーン78　〝戦争であろうが　革命であろうが〟
〝そうなれば戦争も革命も起らない筈ですから〟は削除を希望　（国家）（二ヶ所）

9　シーン77　〝いまに戦争があるから予備隊ができたんじゃないですか　こんなときに田舎で百姓なんかして居られません〟は訂正を希望した　（国家）
これは次の如く訂正された
〝いま戦争が起れば　田舎で百姓なんかして居られません〟

以上九ヶ所は当方の希望通りに提出者側の賛同を得た

この旗に誓う（警察予備隊の改題改訂版）	東映

シーン2　〝朝鮮の動乱が始まるともうじっとして居られなくって……〟は好戦的表現が過ぎるので〝朝鮮の動乱〟を変更　（国家）

シーン6　注射の表現は例の如くに注意　（法律）

シーン6　〝日本をひつくり返そうと企んでいる連中が何処かに居ることは事実だよ〟の
〝事実だよ〟は断定的であるから変更を希望　（法律）

シーン30　〝あれは敗戦の憲法だ　日本は再び独立国家になつたんだから　自ら考え方も変つてくる筈だ〟

〝そんな馬鹿なこと……〟

は憲法を否定し　且つ社会に不安を与える恐れがあるので　削除を希望　（国家法律）

シーン32の特殊飲食街とあるのは意味不明なるも特飲街ならば　演出上淫猥に亘らぬよう注意希望　（風俗）

シーン57　〝もし日本の中で革命さわぎでも起つてごらんなさい〟

〝内乱が起れば　日本人同志が殺し合うんですよ〟

何れも不必要に社会不安を誘引する恐れがあるので削除を希望（法律）（二ケ所）

シーン88　〝かりにそういうことが起つたとしますか　それだけで日本はもうめちゃくちゃになつてしまいますよ　とにかく原子爆弾の時代ですからね〟

も不必要に社会不安を醸す恐れがあるので訂正を希望　（国家）

尚シーン24 映画館の中
スクリーンに朝鮮の動乱のニュースが映るところは製作者側とC・I・Eの協議に一任することとした。

陰獣を巡る七人の女

大京映画株式会社

製作 企画 吉田正憲
脚本 稲田実
監督 稲葉義信

保釈出所中の女囚をめぐる活劇物

一 法律技術上の諸点について

① 冒頭の刑務所の場面 女囚 少年囚の収容状態はそれぞれ一般囚と別区画になっているのが適法であるから 演出上の注意を希望

② 「捜査部長」は「捜査主任」と訂正を希望

③ 「監守」は誤りであるから 「看守」と訂正を希望

④ シーン十の女囚の言葉は刑務所長が刑の判決を云い渡すかの如く聞えるから訂正を

希望

⑤シーン5以下の「犯罪調書」の音読は法的に不適当であるから訂正を希望

⑥シーン8の刑務所長が保釈を言い渡すものは適法でないので訂正を希望（二ヶ所）

これに関連してシーン36のモノローグも訂正を望んだ

⑦シーン25の冷子の台詞　保釈取消の手続上誤りがあるので訂正を希望（以上「法律」九ヶ所）

2　麻薬の取扱いについて

全篇に亘って「麻薬」「中毒」「薬」「注射器」等の言葉が現われてくるので合計十八ヶ所の訂正を希望　（法律）（十八ヶ所）

3　「共産党」らしき団体について

ここに取扱われる非合法団体は　一見共産党類似の印象を与え　これを故意に誹謗する感じがあり、且つ「密入国者」その他あまりにも現実的刺戟的な言葉が散見されるのでそのような個所八ヶ所の訂正を希望した（社会）（八ヶ所）

流賊黒馬隊
第一部 暁の急襲

東映

製作 マキノ光雄
企画 比佐芳武
脚本 比佐芳武
監督 松田定次

対立する部族の闘争に悪代官の陰謀が絡む時代活劇

(1) シーン30 軍平が高枝にあんまをさせているシーン 風俗上の点で演出上十分注意して貰いたい（風俗）

(2) シーン34 入甲がみどりに暴力を加えるシーンは残酷の点を演出上十分に注意してほしい（残酷）

女豹の地図

新東宝
昭和映画

製作 青柳信雄
〃 東條瞭
原作 田村泰次郎
脚本 八田尚之
監督 田中重雄

ょ—13

斜陽族の一女性が戦后の社会に生き抜いて行く姿を描く

1 シーン39 芙佐江がその台詞の中で 新聞記者は「お金でも使えば騒いでくれるかも知れないけど」と云っている言葉は 新聞に対する軽視の印象を生む故止めて欲しい 若し使われるなら軽い否定の言葉を用意して欲しい (社会)

2 シーン57 東山という元華族の老人の台詞の中の 「元華族全体の体面上からも」とあるのは カリカチュアにしても少し逸脱している すでにない華族のなお残存する印象を与える恐れがあるので止めて欲しい (社会)

3 シーン77の終りの倉田とキャバレーの用心棒との乱斗は簡単にして欲しい ここではそれ程の要なく 倉田の強いことが示されれば好いのであろうから (社会)

4 シーン80 杏子が反語的な意味でいう交換条件の「私の体」(及びその後の倉田の「ただそれだけの理由で体を?」)の「体」をとって貰った (性)(二ケ所)

新興成金の橋見や芙佐江の表現は 演出上注意して欲しい (風俗)

なお 杏子と結婚することになる西方と云う紳士は 作中二回ばかり 猟銃を持って出て来るが 禁猟期間内を思わせないように全体の季節表現に配慮させられたい (猟期は特殊なものを除き十月十五日より四月十五日までである) (法律)

平手造酒
新東宝

製作　竹中美弘
原作　中山義秀
脚本　橋本忍
監督　並木鏡太郎

実力あるものが虚飾の世に生きる悲劇を一剣客の半生に描く

(1) シーン40の根岸の「この世界じゃ……ナン、、・遊女の一種だ云々」「増次の体を自由にして見せようか」

シーン62の増次の「……お茶屋の云われる通り どんな嫌なお客にでも身をまかせてきた……」

以上の捧線の個所は削除されたい（性）（三ヶ所）

(2) シーン1　3　85　88　109　129の立廻りの場面

(3) シーン69　124の造酒が増次を倒す場面では　残酷にならぬよう演出上注意されたい（残酷）（八ヶ所）

(4) シーン51〜54の同作　造酒の修業の遍程では　剣の讃美にならぬように（社会）

(5) シーン94　113　129の造酒の喀血の場面は凄惨にならぬように（残酷）（三ヶ所）

a--15

同様演出上気をつけて戴きたい
作品全体として主人公造酒の扱い（主として後半）は余り暗い感じにならぬよう調子の配慮をされたい　（社会）

母は嘆かず
新東宝　佐藤プロ

製作　佐藤一郎
企画　小笠原久夫
脚本
監督　渡辺邦男

亡き夫を追慕しつゝ遺児を育てゝ働く母をめぐる人情劇

浪曲調映画で　全体として軍国調のものとなりやすいので　そうならないよう　全体の演出を注意して戴きたい　（国家）

尚　小さい所では

(1) シーン34「僕はこゝ二三日大人になりかけているんだ」と云う竜一の台詞は　当人を子供の如き印象を与える恐れがあるので　訂正を希望する　（教育）

(2) シーン55　津島は竜一を肩にすると　警官に会釈しながら道を急ぐという表現は　例

え未遂にしても竜一が罪人である以上　か丶る行動は不適当であり　訂正を希望したい（法律）

(ロ) シーン59　竜一が罪に問われないでそのまゝ見逃される印象は　訂正を希望する（法律）

高原の駅よさようなら

新東宝
伊藤プロ

製作　伊藤基彦
脚本　山下与志一
監督　中川信夫

高原の療養所をめぐるラブ・ロマンス

希望事項なし

＊　＊　＊

2—17

馬喰一代　大映

原作　中山正男
脚本　成沢昌茂
　　　木村恵吾
監督　木村恵吾

北海道の山野を背景に　自然児の馬喰が愛児のために苦難と戦って生き抜く姿を描く

希望事項なし

母人形　大映

脚本　松田昌一
監督　佐伯幸三

育ての母の愛情を描くメロドラマ

希望事項なし

但しシーン43の道子の台詞「お母ちゃん死んだら道子も死ぬ　道子も一緒に死ぬ」は自発的に削除或いは訂正する旨　製作者側からの申出があった。

飛騨の三四郎

大映

原作　梶野悳三
脚本　成沢昌茂
監督　小石栄一

飛騨の高等学校に赴任した柔道五段の青年教師が　暴力ボスの勢力を懲す物語

(1)
シーン3　飛騨近くの支線であろうとは思うが　列車の客室の中に　例え背負い籠に入れたとは云え　猟犬を持込んでいる猟師がいるのは違法であるので　それと観客に分るように訂正して欲しい　（法律）（例えば　そこで猟師と話をする三四郎が　そのことを指摘するとか　方法は考えて戴きたい旨を伝えた、違法だからやめると云うことではない）

(2)
シーン54　森医師を顔役が強迫して過度な手ごころを加えた診断書を書かそうとする所、代償の金を渡すのは止めて欲しい　強迫された丈けの型式にして欲しい　だから次にある「札でし頬っぺたをなぐる云々との札は取ること　（法律　社会）

(3)
シーン55　職員会議の室の高窓から暴漢的な少年松川がにらんでいるのを見て　鶴見教頭がギクリとし　台詞が弱味を見せだすのは　過度な表現にならぬよう演出上注意を

希望した（教育）

追記　なお、自主改訂稿が中間報告として提出されたが、この方では　あとに出てくる柔道試合が遺恨試合の印象を（相手方はいかにあろうと三四郎もそれを肯定するのではこまるから）与えぬように配慮をのぞんだ。

夢多き頃	松竹

製作　久保光三
脚本　佐々木康
〃　長瀬喜伴
監督　佐々木康

レビュー・ガールの友情を描くラブ・ロマンス

希望事項なし

＊　＊　＊　＊　＊　＊　＊　＊

真説　石川五右衛門

東映

企画　坪井　與
原作　檀　一雄
脚本　若尾徳平
監督　荻原　遼

戦国時代の風雲を望んで成長する怪盗石川五右衛門の若き日の物語

これは　現在東京日日新聞、その他に連載中の檀一雄作の小説より映画化されるものであるが、映画として　かゝる大盗賊を主人物として描かれる以上　当然批判的なものでなくてはこまる旨を先ず梗概の提出されたとき注意を希望した。

第一回目に提出された脚本では　たとえ戦国時代という歴史的な時代にもせよ　反社会道徳的なこの人物に対して、必ずしも批判的とはいゝがたく　こゝにとりあげられた主題の方向からは　かゝる反社会的反道徳的な行動にしかゆけなかった人物、ある意味ではそれにしかゆけなかった　あるいはゆけなくせしめた彼にとって唯一の道　そこへおちゆく自然児としての五右衛門　そうした態度でしか描けないであろうから　それにそって全体をつらぬいてほしい　ことに　盗賊となる決意に唐突なものがあり論理的に納得出来なく　悪徳を肯定することにもなるので　こゝは特に注意してほしい　また　かゝるものであるから　特に内容に対して批判的な冒頭字幕をつけてもらえばなお幸いだとおもう旨をもつたえた。そういう観点から 大体次のような事項について訂正注意をしてもらうこととした。

1、少年五右衛門が はじめて銭というものの存在にめざめる件 盗賊行為の肯定とならぬように また母お禮が それを咎める言葉など（シーン8～10）（法律）

2、戦場描写は 全体にわたつてあまり凄惨に描かぬこと 死屍なども適度にとどめられたいこと 血糊のついた刀 口から血をふいた死顔など 残酷であるから 注意されたいこと これは お阿和その他 五右衛門に関連する殺人の場合 とくに注意されたい（残酷）

3、おふう（五右衛門の妹）に関する描写の態度 おふうと云う妹が たゞちに『女』の存在に気づくきつかけとなり且つあとまでそのイメージが出てくるが シーン20（第一稿本）の終りの 五右衛門がおふうに『兄ちやんが天下をとつたら 嫁さんになるか』と云い おふうもそれをうなづく件は たんなる愛情表現にとゞめこれから あと の『女』に連関しておふうを出さないことにする 倒錯された性心理をおもわすからである（性）

4、全体をぬつて 五右衛門の女性関係の挿話を背負つてゆくおこんと云う女 これは武田信玄の子 義信の妻であつたが 義父の横恋慕で義信は毒殺されたのであるが この女

の行動や台詞は　やゝ道徳無視　無知の感があり　かつバッドテーストな点も過度にあるのでこの点　注意訂正をしてほしい（社会　風俗）　かつ信玄が義信を毒殺した件は批判的にとりあつかってほしい（社会）　その様も話題となって出てくる時はこの毒殺の件にはなるべくふれないですましてほしい

おこんの台詞は　すべて個々にわたってディスカッションをなし　完全になおしてもらった。いちいちそれはこゝにあげない　毒殺の件は　シーン36、信玄の台詞「倅の嫁とは思いながら」　シーン28　おこん「わたしがほしくなったからさ」　シーン38、おこん「恋しい義信様を毒まんじゅうでお殺しなされたり」　およびそのシーンの信玄のおこん口説きの描写その他。

5. 五右衛門の「どえらいことをやってやる」と云う決意が　悪は悪なりにも筋道が立っていなくてはならぬ（シーン43、47、56）　さもないと　自然児の野放図な行動が、そのアナアキスティックなものへの批判なしに肯定され　美化される恐れなしとしない。これは　第三稿にて　大部分が改訂された。なお　演出にも注意をしてほしい（社会）（三ヶ所）

6. シーン46の座敷牢で　お阿和にせまる九郎右衛門の行動は　短く描写されたい　暴行未遂とは云え　かゝる行動を如実に描くことはこのましくない（性）

7．殺してくれと云うお阿和を五右衛門が斬る（第二稿本） あるいは万亀を巌頭から川へ投げる これらの殺人は それ自身彼に生命なり死なりを考えさすモメントとなるものではあるが 確たる意志なく 発作的に斬り 死に至らしめるのは どちらにしてもこのましくない これは それぐ\の場合 発作的でなく 偶発的にはずみでそれぐ\の女が死ぬようにもってゆかれたい 彼自身は自分が殺したも同然だとおもいこむかたちにもってゆくこと （社会）（二ヶ所）

8 第二稿で シーン62（第一稿本58）で、刀傷が額にあって左腕のない男が出る（これはあとで間の十兵衛となる人物だが）これは 丹下左膳をおもわすので第一稿本の如く、刀傷だけに止められたい （法律 社会）

9 シーン73〜79にいたる二隻の船のうち、後の船の甲板上の乱斗は、短くやってほしい（社会）

10．シーン101（第二稿本）の万亀と五右衛門の台詞、万亀の批判の言葉として、この自然児が不幸な時代（戦乱の社会秩序のみだれた時代）に生れたゝめに、かく不幸な路についたといった批判のとどめをこのシーンで出してほしい （社会） これは、この映画が前篇であるための論理的な批判の用意でもある

11．シーン103．105の山門上の五右衛門の歌舞伎まがいの絶景かなの台詞 あるいは 盗賊

をはじめる決意をのべるシーン105の台詞は、このまゝでは困まる　これは批判をまじえたものに訂正してほしい　（法律）

なにしろ大盗賊を主人公とするものであるだけに、全体にわたつて　義賊的な讃美、英雄化のにおいがあつてはこまるが　これは原作が檀一雄の小説によつている故もあつて、乱世におかれた自然児が　時代の無秩序のなかにおかれたために次第におちてゆく不幸を批判的に一応描こうとしている意図はよくわかる　よつて　脚本は三回にわたつて訂正され　一応終了の域に達しえた。

なお、演出上の点では　完成映画においてもなお検討したいと思う　こゝに一々訂正の結果は揚げないが　完全に当方の意は承認され実行されたものである

めし	東宝

製作　藤本真澄
原作　林芙美子
脚本　田中澄江
〃　　井手俊郎
監督　千葉泰樹

恋愛結婚の後数年　夫婦生活の微妙な心理と反省に悩む人妻の姿を描く

希望事項なし

鞍馬天狗決定版
鞍馬の火祭

松竹

製作 小倉浩一郎
原作 大佛次郎
脚本 豊田嫌
監督 大曽根辰夫

動乱の京都を舞台に密書の争奪をめぐる「鞍馬天狗」の活躍を描く

(1) 桜町の偽天狗が人を斬る場面は充分に注意して残酷にならぬようにして欲しい（残酷）かつこの失恋のために狂乱した桜町の場面に余り重点を置かれると この時代劇は邪剣活躍の最も好ましからざる剣戟の感じになるから その点も演出上留意して戴きたい（社会）

(2) 鞍馬天狗の活躍の目的が漠然としているのは困ると思うから（これでは剣戟だけが目的の映画と云う感じになりかねない） その点で脚本の上で補足して貰いたい（社会） 例えば鞍馬天狗の活躍が幕府の圧政に対する民主的な同志の動きという風に描くとか、

「方針書」もそのようなものとするとか。

(3) 錦旗云々とか禁裏云々の勤王的な台詞は除いて欲しい　（国家）

(4) 自害しろ云々の台詞は改訂して戴きたい　悪いことをして死ねば好いとの考え方は困ると思う　（法律）

以上は第一稿の際の希望事項であるが　第二稿の希望事項は次の通りである

(1) シーン3、44、禁裏云々の台詞は除くこと　（国家）（二ヶ所）

(2) シーン74、腹を切つて貰う……は止めて欲しい　（社会）

(3) シーン87　切腹の場面は他の方法に代えて欲しい　（社会）

(4) シーン95　「死んで世間にお詫びしておくれ」は　第一稿の場合と同じで　悪いことをして自害する解決は困ると思う　改訂して貰いたい　（法律）

紅涙草

新映株式会社

原作　荻原四朗

脚本　山崎謙太

監督　伊賀山正徳

外地に別れた夫を想いつゝ 漁村の小学校に教鞭を取る女教師をめぐる浪曲人情劇

(1) シーン43、44、 好太郎が澄子に挑みかゝる場面は 刺戟的な感じを出来るだけ避けるよう演出上注意して戴きたい （性）（二ヶ所）

(2) シーン63、玉枝と浩二が死を決意する場面 結局この二人は助けられることになるのであるが、少年少女が死を決意するなど曰 この場合余りに悲惨であり 残酷でもあるので この場面脚本を改訂して貰いたい （残酷）

(3) 千吉も平助も泥棒をしているのに これに対する制裁が無視されている この点についても脚本に補足して欲しい （法律）

吃七捕物帖 一番手柄	松竹

製作 石田清吉
脚本 柳川真一
〃 永江勇
監督 斉藤寅次郎

不逞浪人団の贋金つくりを発く目明し吃七の手柄話

シーン1A　奉行が唄う歌の歌詞の中「……予備隊とでも申そうか……」は誤解を招く恐れがあると考えられるので　とりやめて戴くよう希望した　（法律）

又　切支丹屋敷の扱いは　宗教侮辱にならぬよう演出上注意して戴きたい旨　念の為申し添えた　（宗教）

この果てに君ある如く	新東宝

製作　杉原貞雄
脚本　八住利雄
監督　阿部豊

多くの戦争未亡人たちが苦難に堪えて健気に生き抜く姿を描く

(1)　シーン52　戦場のシーン　負傷兵たちや看護婦たちばかりを爆撃している感じであるが、これはその感じでないように演出上の注意をするか　この場面の脚本の改訂をして欲しい　（国家）

それから　三原が久美子に挑むところであるが　これは三原の野獣性を余りに刺戟的に

ならぬよう十分な演出上の注意をして戴きたい（性）

(2) シーン76 おかみさんの台詞の中にある「麻薬」は慣例により削除して貰いたい（法律）

薩摩飛脚	松竹

製作 杉山茂樹
原作 大佛次郎
構成 伊藤大輔
脚本 柳川真一
監督 内出好吉

幕末期の薩摩藩と幕府の対立を背景とする時代活劇

希望事項 なし

尚、このシナリオには「隠密」が出るが 隠密のために起る悲劇であって 暗黒政治の否定となっているので不問とした。

審査集計

規程條項	関係脚本題名及希望個所数		集計
1 國家及社会	「赤道祭」	4	47
	「この旗に誓う」	7	
	「この旗に誓う」（自主改訂版）	3	
	「陰獣を廻る七人の女」	8	
	「女豹の地図」	3	
	「平手造酒」	2	
	「母は嘆かず」	1	
	「飛騨の三四郎」	1	
	「真説石川五右ヱ門」	10	

	「鞍馬の火祭」	7
	「この果てに君ある如く」	1
	「この旗に誓う」	4
2 法律	「この旗に誓う」（自主改訂版）	5
	「陰獣を廻る七人の女」	27
	「女豹の地図」	1
	「母は嘆かず」	2
	「飛騨の三四郎」	2
	「真説石川五右エ門」	3
	「鞍馬の火祭」	2
	「紅涙草」	1
	「吃七捕物帖一番手柄」	1
	「この果てに君ある如く」	1
	49	

C—2

	分類	作品	件数	計
3	宗教	「吃七捕物帖一番手柄」	1	1
4	教育	「母は嘆かず」	1	2
		「飛驒の三四郎」	1	
5	風俗	「赤道祭」	2	6
		「この旗に誓う」（自主改訂版）	1	
		「流賊黒馬隊」（第一部）	1	
		「女豹の地図」	1	
		「真説石川五右ェ門」	1	
6	性	「この旗に誓う」	1	11
		「女豹の地図」	2	
		「平手造酒」	3	
		「真説石川五右ェ門」	2	

c—3

7		
残酷醜汚	「紅涙草」	2
	「この果てに君ある如く」	1
	「赤道祭」	1
	「流賊黒馬隊」（オ一部）	1
	「平手造酒」	11
	「真説石川五右エ門」	1
	「鞍馬の火祭」	1
	「紅涙草」	1
16		

希望事項総数……………一三、二

c—4

審査映画一覧

審査番号	題名	社名	巻数	呎数	備考
五〇一	南風	松竹	九巻	八、二八六呎	
五〇五	わが恋は花の如く	松竹	十巻	八、五四三呎	
五二四	飛び出した若旦那	松竹	八巻	七、二四九呎	
四四三	麦秋	松竹	十三巻	一一、一八八呎	
四九三	武蔵野夫人	東宝	十巻	七、九五〇呎	
四九七	死の断崖	東宝	十巻	八、三八九呎	
五一八	逢魔が辻の決斗	大映	八巻	六、六二〇呎	
五一七	ひばりの子守唄	大映	十巻	七、七八二呎	
五〇九	東京悲歌	大映	十巻	八、〇八六呎	
五一九	エノケンの怪盗伝 石川五右衛門	新東宝 エノケンプロ	九巻	七、三〇〇呎	

五三四	母は嘆かす	新東宝	七巻 六、三七八呎	
五〇七	旗本退屈男 唐人街の鬼	東映	九巻 七、二三二呎	
四九二	三太物語	芸苑プロ 東興映画	九巻 八、〇五五呎	
五〇三	コロムビア・ヒット・メロディー・カーニバル 東京アベック地図	日本芸術映画社	四巻 三、五〇〇呎	
五一四－T	松竹製作ニュース 第六三号	松竹		競馬の火祭
四四三－T	〃 第六四号	松竹		麦秋
五三九－T－一	〃 特報	松竹		夢多き頃
四九七－T	東宝スクリーン、ニュース NO 11	東宝		死の断崖
五一五－T	〃 No 12	東宝		ポープさん
五一八－T	大映ニュース 第一五九号	大映		逢魔が辻の決斗・源氏物語（特報）
五一二－T	〃 第一六〇号	大映		ひばりの子守唄
五〇九－T	〃 第一六一号	大映		東京悲歌
五一一－T	〃 第一六二号	大映		女次郎長ワクワク道中・源氏物語（特報）

五一九—T	エノケンの怪盗伝 石川五右衛門	新東宝 エノケン・プロ			
五三四—T	母は嘆かず	新東宝			
五三五—T	高原の駅よさようなら	新東宝			
五〇七—T	旗本退屈男 唐人街の鬼	東映			
E—二五四	新しき日本 鹿児島篇	毎日新聞社	二巻	一、四六六呎	
E—二五八	新しき日本 奈良篇	毎日新聞社	一巻	七〇〇呎	
E—二三八	病める子にベッドを	日映	一巻	二〇〇呎	
E—二七四	東北の夏まつり	〃	一巻	二九二呎	一六ミリ
E—二七八	火山三原山	東京映画技術研究所	二巻	一、七〇〇呎	
E—二八〇	躍進する鉄鋼産業	理研	三巻	二、三二〇呎	
E—二八三	日米陸上競技北海道大会記録	日映	一巻	一六〇呎	一六ミリ
E—二八四	にいがた夏の祭り	理研	一巻	九五〇呎	一六ミリ

E－二八八	音のおじさん	三幸映画社	二巻	一、一五六呎	
E－二八九	水の祭典	日映	一巻	二六四呎	第二回勤労者水上競技大会記録
E－二九〇	深海探測機「くろしお」号	読売映画社	二巻	一、五五〇呎	
E－二九一	いもの町	東日映画社	一巻	一、〇八七呎	
E－二九三	新しい日本（講和会議の記録）	日映	三巻	二、三六三呎	
E－二九四	ひばりのアンコール娘	新東宝	五巻	三、五〇〇呎	
P－一七二	ムービー・タイムズ 第一七二号	プレミア			
P－一七三	〃 第一七三号	〃			
P－一七四	〃 第一七四号	〃			
P－一七五	〃 第一七五号	〃			

S—七七

三味線武士

日活

九巻

七・七一八呎

原作 川口松太郎

脚本 衆 治郎吉

監督 衣笠十四三

製作 昭和十四年十月

CCD番号 一〇

c—7

映画審査概要

○ 麥秋　松竹

製作者側の都合により次の台詞「のり巻の長いのは？」のうち「長いの」を自主的に切除された

○ 武蔵野夫人　東宝

秋山が酔つて帰宅するシーン　門前で嘔吐する件 25呎削除して貰つた

この映画は主題を真面目に追求していて　その点誤解をまねく恐れはなく　脚本の時の年少観客への考慮の注意希望は　完成映画に於ては心配ないものと思う

○ エノケンの怪盗伝　石川五右衛門　新東宝　エノケンプロ

1. 戸口へ銭が投入されるカット　45呎
2. 「五の字さまし」と云う台詞抹消

以上　義賊的行為を思わすカット二ケ所削除希望し　実行された

○ 旗本退屈男
唐人街の鬼　東映

ラストで早乙女主水之介が犯人に向って　罪の責任をとって自決しろ　はなむけだと迫るのは　封建性の慣習を肯定した意味になるので　脚本審査のとき同様　これを除いて貰った（10呎）

○ 三太物語　東興映画

1. 才三巻　斗鶏の場面　170呎
2. 才四巻　三太がお産の部屋をのぞこうとする所　48呎

いずれも児童への影響を考慮して削除希望し　実行された

c—11

宣伝広告審査概要

スチール

（但テストプリント）

○ 逢魔が辻の決斗　　大映

斬殺場面に於て相手を斬る所　二枚の内　一枚（大河内伝次郎と寺島貢　二人の場面）は残酷の感があるので使用中止方を希望した

宣伝文案

○ 武蔵野夫人　　東宝

本映画の宣伝文案中「『チヤタレイ夫人』を凌ぐ問題作」とあるのは『チヤタレイ夫人は目下裁判中のものであり　且つ現在は司法処分によって　一般に購読不可能の状態にあるのでこれを引用することは穏当でないと考えられるから　使用中止方を希望した

各社封切一覧

封切日	審査番号	題名	製作会社	備考
松竹				
九月七日	五〇一	南風	松竹	
九月十四日	五〇五	わが恋は花の如く	松竹	
九月二十一日	五二四	飛び出した若旦那	松竹	
九月二十八日	四四三	麦秋	松竹	
九月二十八日	五〇三	東京アベック地図	日本芸術映画社	
東宝・東映				
九月七日	五〇七	唐人街の鬼	東映	
九月十四日	四九三	武蔵野夫人	東宝	
九月二十一日	四七二	裸女海底に死す	ラジオ映画	

九月二十一日	一八九	花嫁蚤と戯むる	ラジオ映画
九月二十一日	S－四七	弦月浮寝鳥	日活
九月二十八日	四九七	死の断崖	東宝

大映

九月七日	四六三	愛妻物語	大映
九月十四日	五一八	逢魔か辻の決闘	大映
九月二十一日	五一二	ひばりの子守唄	大映
九月二十八日	五〇九	東京悲歌	大映

新東宝

九月七日	S－四八 S－四九	神変麝香猫大会	日活
九月十四日	五一九	エノケンの怪盗伝 石川五右エ門	新東宝 エノケンプロ
九月二十一日	S－五一	鞍馬天狗（逆襲篇）	日活
九月二十一日	四九二	三太物語	芸苑プロ 東興映画

九月二十八日	五三四	母は嘆かず	新東宝
九月二十八日	E一二九四	ひばりのアンコール娘	新東宝

専門審査員

小林勝
長江道太郎
阪田英一
武井韶平
上野一郎

映画倫理規程審査記録第二十七号

昭和二十六年十月五日発行

発行責任者　池田義信

東京都中央区築地三丁目六番地

日本映画連合会

映画倫理規程管理部

電話 築地(55) 二八〇二番 〇六九六番

映画倫理規程審査記録

第28号

※収録した資料は国立国会図書館の許諾を得て、マイクロデータから復刻したものである。
資料の汚損・破損・文字の掠れ・誤字等は原本通りである。

28

映画倫理規程

審査記録

26.10.1　26.10.30

日本映画連合会

映画倫理規程管理委員会

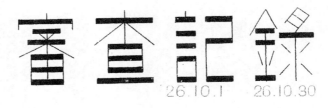

目　次

1 管理部からのお知らせ……a−1
2 審査脚本一覧……a−2
3 脚本審査概要……a−5
4 審査集計……c−1
5 審査映画一覧……c−5
6 映画審査概要……c−12
7 宣伝広告審査概要……c−14
8 各社封切一覧……c−15

管理部からのお知らせ

○　十月十二日の管理委員会に於て、東映作品「風雪二十年」の審査報告に関連し　今后もかゝる傾向の作品については内容の性質上　充分慎重の態度を以て審査を行うことに意見の一致を見ました。

ル－１

審査脚本一覧

会社名	題名	受付日	審査終了日	備考
東映	(仮題)昭和の動乱（天皇機関説）	九・一五		決定題名、原作尾崎士郎「天皇機関説」より 風雪二十年
〃	改訂版	九・二五		改訂第二稿
〃	改訂版	一〇・一	一〇・二	改訂第三稿
松竹	あの丘越えて	九・二九	一〇・六	
〃	波	一〇・一	一〇・六	
大映	母子船	一〇・五	一〇・六	
八木保太郎プロダクシヨン	山びこ学校	一〇・四	一〇・八	
新東宝 岸松雄プロ	さすらいの旅路	一〇・八	一〇・一〇	
東映	八つ墓村	一〇・八	一〇・一〇	
新映	失うべからず	一〇・六	一〇・一一	

a—2

松竹	命美わし	一〇、八	一〇、一一	
スタジオ8プロダクション	わかれ雲	一〇、八	一〇、一一	
新東宝 電通	暁の急襲	一〇、一〇	一〇、一二	
大映	悲恋椿	一〇、一一	一〇、一三	「椿姫」の改題
東宝	極楽六花撰	一〇、一一	一〇、一三	
新星映画社 前進座	箱根風雲録（自主改訂版）	一〇、一六	一〇、二二	改訂第二稿
大映	稲妻街道	一〇、一九	一〇、二二	
松竹	母化粧	一〇、一九	一〇、二二	
大映	のど自慢三羽烏	一〇、二〇	一〇、二二	
大映	あばれ熨斗《のし》	一〇、二二	一〇、二三	
新東宝 宝プロ	剣難女難 第一部女心流転の巻	一〇、二二	一〇、二六	
〃	剣難女難 第二部剣光流星の巻	一〇、二二	一〇、二六	
東宝	荒木又右衛門 決斗鍵屋の辻	一〇、二六	一〇、二七	

松竹	適齢三人娘	一〇、二三	一〇、二九	
東映	江戸恋双六	一〇、二七	一〇、二九	
東映	真説石川五右衛門 自主改訂版	一〇、二五	一〇、三一	改訂第四稿
松竹	夢と知りせば	一〇、三〇	一〇、三一	

◎新作品……………………二四

シナリオ数……………………二七（内改訂版四）

内訳＝松竹 六　東宝 二　大映 五

新東宝 四　東映 六（内改訂版三）

八木保太郎プロ 一　スタジオエイトプロ 一　新映（株） 一

新星映画前進座 一（内改訂版一）

◎審査シノプシス……………………一

内訳＝東宝 一

脚本審査概要

(仮題)昭和の動乱 天皇機関説 (原作尾崎士郎 天皇機関説より) (風雪二十年)	東映

製作　岩井金男
原作　尾崎士郎
脚本　猪俣勝人
監督　佐分利信

昭和九年より終戦にいたる狂瀾の歴史を背景に軍の強権下にあった日本の悲劇を描く

この梗概はさきに内審として当方に提出されたが　それに対しては　大体次の如く返答した。

ここに内審のため提出されたものは　シノプシスではない旨が書きそえられてあるが「解説の一助としてのストオリの概要」としてうけとるならば　大体いかなる主題、素材がとりあつかわれ、いかなる観点からこれが描かれてゆくかが大体に了解されるものである。よって　当方として　これが映画化されるに対して懸念されるさまざまな点について

u—5

少しのべておきたいと思う。

最初に云わなければならぬことは　さきに東映より提出された「日本軍敗れたり」が関係当局とも協議の結果　その題材の刺戟的な点とそれの映画化の時期尚早の意味とをもって一応この企画をとりさげられたことがあるが　このたびの「天皇機関説」の内容として予想されるものは　さきの「日本軍敗れたり」と大して変化がないものと考えられ　あるいはむしろより刺戟的であるかとも想像され　少くとも　この点でこの企画はかなり危険なものを含んでいると考えられる。これは余程慎重な考慮を必要とする根本的なことである、

またそれは別としても、昭和十年以后の日本ファシズムの抬頭より戦争に至る狂熱的な社会状勢がこれの背景となり　二・二六以后の暴挙が主題に点綴されて描かれてゆき　その流れのなかに動かされる一青年の姿に焦点して描かれてゆくようである。この点　これらファッショ的な行動　ファシズムを信奉する青年達の姿が　英雄化されない迄もその批判面が弱いために（歴史的に見て事実はそうであったか）その行動は　あたかも憂国の志士的に悲壮化される心配があり　ひいては讃美の印象さえ与えかねないおそれが多分にある。

つまり　かゝるファシズム的な流れに対するアンチテーゼとなるものが劇的にこの中へあらわれ得ないための（当時の日本としてはあるいはそうであったろうが）批判性の弱さ

のために起ることだと思われる。いわゆる天皇機関説なるものが二ゝでは決してかかるファシズムに対する批判者として対し得ないものであることは明かであり　したがって　これがまた太平洋戦争の批判としても十分はたらきえないものであることが　この企画の主題に対する批判性不足をきたす大きな原因のひとつになっているかと思われる。よって観点の立場をかえ　取材の根本的な改変なくしてはおそらくこの批判性は生れてこないのではないかと考えるものである・

前半のファッシヨ的国内状勢をこのように描くことが刺戟的であるのと同様に　この作品の後半部分　中日事変　太平洋戦争の戦線実態がこのような形で描かれてゆくことは「日本軍敗れたり」以上に時期尚早であり　それらの事実をとりあげる以上は現在よりしての批判的な描きかたでなくてはならず　この後半部のごとき単に部分挿話としてのみ取材するときは十分な批判の余地はのぞみえないまゝに　戦争は悲壮的　回想的な立場から思わざる無批判な印象のみ与えかねない心配もある。

戦争をかかる形で劇的背景にとりあげることはまことに危険であり　従来わずかに「暁の脱走」その他にとりあげたような形式においてのみ　辛じて批判的な描写がとげられたのであったことを考慮されることがのぞましいと思う・その他あぐべき点はまだ多く残されているが　すでに以上でも結論はつくものと考えられる。

少なくとも　この「ストオリイの概要」からよみとれる限りにおいては　この映画化は

全面的にこのましくないものと断せざるを得ないのである。　またわれわれとしても　このような題材であるならば　一応関係当局の見解も参照してみたいと考えている。

ところで提出された脚本は以上のシノプシスとたいして変りがない内容のものであり上に述べたごとき結論がそのまゝあてはまるものと云うべく　これでは映画化がこのましくない旨をつたえた。いってみれば　第一この〃昭和の動乱〃という題名が刺戟的にすぎることと　かゝる時代を背景にした劇であるならば　全体的にもっと批判的であらねばならないであろうし　この第一稿の内容では　占領政策の面にもふれる点が多々あり、関係当局の意向も参照しなければ決定的なことは云えない旨を述べた。製作者側はあくまで当方の希望にしたがって訂正の意があることを申出でられ　第二稿本がついで提出された。

この第二稿本では　ファシズムの刺戟的な印象を与える行動あるいは誤解をまねきかねない天皇の描写の件　憂国の志士的な印象を与える青年達の言動等に対してかなり大巾な訂正をされたが　未だ完全とは云いがたく　個々の部分にわたる注意　あるいは全体的な批判を与えるための方法等について　協議をかさねて　さらに第三回目の脚本を提出してもらった。よって大体次のような点を注意希望したのであった。

1　題名はなるべく早く改訂されたいこと　と云うのは〃昭和の動乱〃で通信その他にたえず出ていてこれでは困ること（国家）

2　脚本全体は当方の希望にしたがい　より一層改善されたようであるが　なお難まし
とはしまい　それは　別に述べる
3　描写について脚本でいかに注意しても　伴奏音楽による刺戟的な効果をやられてはこ
のましくないので　これは慎重に考慮されたい　（国家）
4　一切の軍歌　戦意昂揚の歌の使用はやめてほしい　（国家）
5　軍　（軍旗　兵器　兵の姿など）の美化の印象を与えるような描写はやめてほしい
（国家）
6　改訂の現状から見るならば　既に占領政策に触れる面は殆んどなくなったから　当方
において　まず処理することにする
7　かゝる映画である故　予告篇をつくられるならば　まずそのシナリオを事前にみせて
ほしい
8　なお　かゝ全体にわたって改訂された故　あたらしい梗概を提出されたい
ところでもともとこの主題が　天皇機関説という学説に対して圧迫を加えていった　フ
アシズムとの間の正史を取りあげようとしたため　脚本では　天皇機関説を代表する山濃
部博士についてのエピソードは部分的なものとなって　ファシズムの行動が前面に出てく
る結果となり　全体に批判の与えようがなくなったともみうけられるので　協議の結果

ム—7

このなかに出て、る作家朝巻を批判者の位置におきなおして　この歴史的な変動にたえず批判を与えてゆく方法をとられることとなった　そういう点を朝巻がもとは東洋主義的な傍観者　ときにはファシズムに狂熱する青年達に対して共感肯定者の位置にあったものを自由主義的な作家に性格をおきかえることになった。

また批判をより徹底するために　あらたに波切という二二六関係の大学生の友人に自由主義者の学生山田という人物を新に設定して首尾をととのえられたこと　さらに岩田という政治家の台詞と　より自由主義者として批判的に訂正されたこと　朝巻と共に新聞記者の蟹江の台詞も同様　より批判的にしてもらった。最初に出てくる天皇行幸の件は[illegible]作者側の都合で削除されたが　その他当方と合議の結果　二二六及び山濃部博士襲撃のテロ現場など刺戟的な描写はやめてもらうことになった。

波切（学生自身）石郷岡（軍人）などの二二大亊件加担者に対する描き方は　最初行動そのものまでは肯定されてはいないが　何か青年の純粋さによる美しい行動の如く暗黙のうちに美化されている点が多くしたがって憂国の志士の俤が印象づけられるところ少なからずあったので　それらはその台詞・行動ともに訂正して批判的に描写してほしい旨をつたえ、了解してもらった。これらの訂正は脚本全体にわたり　こゝにいちいちあぐるにたえないほどあった。（国家）（十二ヶ所）

外地戦線の描写のうちでも　殊に中国の特務機関（石郷岡を中心とした挿話）について

a—10

の描写のうち　中国人を出さないで話をすすめるよう　かつまた　日本の侵略主義的な数々の暴行を余りにあからさまに描かないで　（外国感情を考慮し　かつ講和調印の現在かゝる悪印象をふたたび想起させるがごとき具体的な描写が　逆効果をきたして外国人に日本の軍閥の残虐をあらためて承認する素材ともなりかねないから）批判的に扱ってほしい（国家）（三ヶ所）

この外　上に含まれない点でなお訂正希望した箇所のうち　主なるものは　戦后の労働者のデモに〈革命歌〉を歌うとあるその歌　（国家）　戦傷でびっことなった波切という人物を街のアンチャンが〈やいびっこ〉とさげすむその言葉（残酷）　毛利大将が第一次の「欧洲大戦の直后　ドイツを旅行したことがあるが　さしも豪毅を誇るゲルマン婦人が一本のタバコを求めて巷に媚を売る姿を見て暗然とした云々」とある件（国家）などその他実に多かった。

なお　かゝる映画であるから　完成映画においても充分検討の余地をのこしたい旨を伝え承諾を求めた。

あの丘越えて　松竹

製作　山口松三郎
原作　菊田一夫
脚本 監督　瑞穂春海

信州の山里から都に出た純朴な少女をめぐる人々の愛情を描いたメロドラマ

希望事項なし

波	松竹

原作　山本有三
脚本 監督　中村登

人の世の愛欲と倫理に悩みつゝ生きる女の情愛を描く

(1) シーン77のラスト　行介と襲子とのラブシーンの終り　性的交渉を暗示しないように演出注意を希望（性）

(2) シーン98より102に至る行介（小学校教師）の破行の件については　子供達がその真似をするのを批判的に描き　かつ教育上悪影響のないよう演出上注意を希望（教育・残酷醜汚）

3—12

母子船

大映

脚本　八住利雄
監督　吉村廉

実母の手を離れた子供をめぐる育ての親の愛情を描く

(1) シーン27　太吉がおきよの髪を引っ掴むところ　（残酷）
(2) シーン61　太吉がミチ子の頬を打つところ　（残酷）
(3) シーン64　戸田が犬を蹴とばすところ　（残酷）

それぞれ残酷な感じをさけて演出されることを希望した

山びこ学校

八木保太郎プロダクション

企画　八木保太郎
製作　戸田金作
〃　若山一夫
原作　無着成恭
脚本　八木保太郎
監督　今井正

山形県山元中学校生徒の綴る生活文集よりの映画化

これは特殊な教育法を行っている山形県山元中学校の無着教室に材をとったものであるが

この教育法に対しては　世間に色々批判もあることと思われるので（それはたとえば週間朝日六月十日号など参照のこと）　これが唯一至上なものとの誤解の印象を与えないように　校長とか同僚とか、或いはＰＴＡとかを通して批判的な面も出して欲しい（教育）

試験室で生徒の自治会席上　トンコ節が出るが　（これは歌詞を読むだけである）　この文句の中の　「泣いて帯とく四畳半」は止めて欲しい　（性）

こゝは農村の人身売買をこの歌をきっかけに批判してゆく件である．

さすらいの旅路	新東宝 岸松雄プロ

原作　大林　清
脚本　井手雅人
〃　　岸松雄
監督　中川信夫

2―12

銀座の女給と流行歌手をめぐる恋愛メロドラマ

(1) シーン82　亮一がゆかりの頬に一撃を加えるというところ演出注意（突く位のことにして貰う方が好いのであるが）　を希望した　（社会残酷）

八ツ墓村　東映

原作　横溝正史
脚本　高岩肇
監督　松田定次

伝説と物慾に捉われた村に起る連続殺人事件

(1) 全体に亙って　やゝグロテスクな感があるが　それを過度に出さないよう演出注意を望んだ（残酷）

(2) 毒薬として「青酸カリ」が出てくるが　これは従来の如く薬名をかくしては劇が成立しがたいので　従って学名もしくは略名「シアンカリ」とでも代用されたいと思う（法律）

8—1

失うべからず　新映株式会社

原作　横光利一
脚本　稲垣浩
潤色　新藤兼人
監督　島耕二

生活難の中に生きる喜びを失わず　明るく仂く漫画家の夫婦を描く

この脚本では　いしと云う娘が子供を捨てる件が重要な骨子になつている（シーン48以降）が　これが稍こ軽々しく扱われている傾きがあつて　観客には場合によつては捨子することも止むを得ないという印象を与える恐れがあるので　こういう印象を避けるよう脚本を改訂して戴き　演出に於ても充分注意されるよう希望した（法律）

命美わし	松竹

製作　小出孝
原作　八木隆一郎
脚本　柳井隆雄
監督　大庭秀雄

自殺者救助を念願としている老教育家の家族を中心として　美しい愛情と人の命の尊さを描く

希望事項なし

わかれ雲	スタジオ8プロダクション

製作　平尾郁次
脚本　館岡謙之助
〃　田中澄江
〃　五所平之助
監督　五所平之助

8—2

秋深き信州の小都会に旅する女学生をめぐる抒情物語

(1) 注射の場面は慣例通り演出上注意して戴きたい　（法律）

又シーン61での健太の台詞「……帰る時注射の薬……」は素人が注射をする印象を与えるので改訂して戴きたい　（法律）

(2) シーン55で南医師が未消毒の山羊の乳をマサ子に飲ませるが　これは医師として稍々非常識ではなかろうか　再考を望みたい　（法律）

暁の急襲

新東宝
電通

製作	永島一朗
〃	大枝敏三
潤色	八田尚之
脚本	館岡謙之助
〃	井手雅人
監督	春原政久

一警官の家庭をめぐって警察活動の実態を描く

(1) シーン80　実と云う人物が「喫茶街」に女を探しにゆくシーン　これは特殊喫茶でなくやって欲しい　（風俗）

(2) シーン86　浪曲を語るとあるが　その歌詞を提出されたい

(3) シーン99　由紀江の台詞の中の「薬の密輸」とあるのは　薬を除いて欲しい　（法律）

(4) シーン104　浜田がいきなり由紀江をなぐりとばすとあるのは一つきとばす程度にしてなぐらないようにして欲しい　（社会・残酷）

(5) シーン107　松島が実を暴力でもつて迫る件　演出上注意して松島が目茶苦茶にムチをたたきつけ　以下の四行の残忍な暴力描写は止めて欲しい　（残酷）

(6) シーン120　川北が由紀江にせまる件は　過度にならないよう演出上注意して欲しい（風俗性）

悲恋椿（椿姫の改題）	大映

脚本　八木保太郎

監督　鈴木英夫

真実の愛に目覚めた淪落の一女性の悲劇　著名の文芸作品の翻案

(1) シーン5　塚田の台詞の中「……オールナイト十万円だ……」は止めて戴きたい（性）

ち—4

(2) シーン31 同じく塚田の「……売春婦……」も同様（性）

(3) 秋絵の店の奥の間で麻雀やカルタの博打が行われているが これは非合法であることを示して戴きたい（シーン45及び99）（法律）（二ケ所）
又シーン99での会話の中 露骨に現金の授受を示すものは止めて戴きたい（法律）
「どの位 八十かな」「……ずいぶんお金もうけたでしよう」がそれである

(4) シーン14・39 喀血の場合は慣例通り刺戟的にならぬよう注意されたい（残酷・醜汚）

極楽六花撰	東宝

製作 加藤譲
脚本 渡辺邦男
〃 松浦健郎
監督 渡辺邦男

8—5

地獄に行った「天保六花撰」の人物をめぐる喜劇

(1) シーン76 「おとしまえ……」と云う言葉は隠語につき出来れば避けられたしと希望した（教育）

箱根風雲録 （「箱根用水」の改題 自主改訂版）	新星映画

婦女子に暴力を加えるところ（シーン20・37）（残酷醜汚）（二ヶ所） 殺人の場面例えば（シーン64・130）（残酷醜汚）（二ヶ所）及び群集の行動（社会）など 過度に刺戟的にならないよう演出上の注意を希望した

稲妻街道 （追分三度笠の改題）	大映

原作 川口松太郎
脚本 新藤兼人
監督 安田公義

やくざ生活の愚劣さを悟った老年の親分が 身を以てその悲劇を示す物語

希望事項なし

母化粧	松竹

製作　山口松三郎
原作　竹田敏彦
脚本　池田忠雄
〃　長瀬喜伴
監督　佐々木啓祐

幼き日　宿命の手に引離された子と実母の再会をめぐるメロドラマ

希望事項なし

のど自慢三羽烏	大映

原作　八住利雄
脚本　館岡謙之助
監督　渡辺邦男

生みの親　育ての親の愛をめぐる人情喜劇

希望事項なし

あばれ熨斗《のし》	大映

原作　土師清二
脚本
監督　安達伸生

怪盗稲葉小僧と名優中村仲蔵をめぐる人情活劇

希望事項なし

剣難女難 第一部　女心流転の巻 第二部　剣光流星の巻	新東宝 宝プロ

製作　高村正嗣
原作　吉川英治
脚本　木下藤吉
監督　加藤泰

封建的な対落試合に端を発した葛藤に弄ばれる若者をめぐる時代活劇

(1) シーン146　新九郎が賭博のカタに刀をおくのをお延が「男を売る稼業に大事なお腰のものもし奪られたらどうなさいますえ　親分さん」と云うその棒線の所削除又は訂正を希望（社会）

6―8

(2) シーン165以下重蔵の病気は　肺結核らしく残酷に描かぬよう　特に喀血するところは注意されるよう希望　（残酷醜汚）

尚全体として剣に対する無意味な讃美がないよう希望　（社会）

荒木又右衛門
決斗鍵屋の辻
東宝

製作　本木荘二郎
原作　直木三十五
脚本　黒沢明
監督　森一生

史実に基き　所謂「伊賀の仇討」の真相を批判的に描く

このシナリオは　仇討と云う無意味な行いをしなければならぬ武家制度の批判の言葉として

シーン14　又右衛門の「侍と申すものはおかしなものでな」　シーン19　甚左ヱ門の「武家と申すものは因果なものじやて」等の台詞があり　又シーン96　又右衛門が親友甚左ヱ門を討たねばならぬ場合に遭遇してうなだれるところ　シーン99　甚左ヱ門を討って悲痛な思いをし　遂に憤懣に耐えなくなるところ等によって友情が封建制度の犠牲にされる悲

2—9

劇を描いてはいるが　それらの諸点の強調を怠ると　封建制の矛盾（仇討）の批判が欠くなる恐れがあると思われるので　その点演出に依つて強調されたい（社会）

適齢三人娘	松竹

製作　小倉武志
原作　中野実
脚本　中山隆三
監督　川島雄三

三組の若い男女の恋愛が混線する喜劇調の明朗ロマンス物

希望事項なし

江戸恋双六	東映

企画　柳川武夫
原作　山手樹一郎
脚本　犬塚稔
監督　萩原章

豪商の若後家と遺産の争奪に絡まる怪事件を描く時代探偵物

2―10

(1) プロローグに桜田門外の異変が出てくる
これはこの物語に必要なものではあるが　しかしこのような異変は出来るだけ刺戟的な描写は避けて貰いたいので（シーン11）袖にくるんだ直弼の首級をかざして叫ぶ浪士の顔と云う箇所などは改訂して欲しい　（社会）
この桜田門外の変を壮挙であると云う感じをいさゝかでも観客に与えるのでは困ると思う

(2) シーン10　飴屋が節面白く歌っているその歌詞が淫らに女郎屋の宣伝ばかりしているのは困るから飴屋らしい歌詞に改訂して貰いたい　風俗上からも無暗と女郎屋の宣伝をするのは好ましからずと思う　（性）

(3) シーン21で伸介が若君菊丸を相手に歌う歌詞も風俗上甚だ困るから改訂して欲しい（風俗）
「姐さん腰巻ちよいとまくり云々」など余りにも乱暴である

(4) シーン30　美乃の寝室で島兵ヱが美乃に襲いかゝるシーン及びその前后は風俗上の点を十分に注意して演出して貰いたい　（風俗・性）

(5) シーン62　伸介が忽ち三・四名を斬り伏せるかの如くに書かれてあるがこれは伸介が正義の人間と云うことになっているだけに　そして主役であるだけに　積極的に人を斬り殺すのは困る　その感じにならぬよう注意して欲しい　（法律）

(6) シーン101・友吉の台詞に「佐助が今朝がた御先代のお墓の前で自害していたとお寺から知らせて参りましたが……」とあり　これに対して伸介が「佐助は先代思いの忠僕だ……友吉さん懇ろに葬ってやって下さい」と云っているのであるが　これでは佐助の自害が讃美された感じにもなるから　この点いさゝか脚本の上で改訂しておいて貰いたい（社会）

東映
真説 石川五右衛門（自主改訂版オ二稿）

企画　石川定一
〃　坪井与
原作　檀一雄
脚本　若尾徳平
監督　関川秀雄

演出上前回の審査を参照の上　注意個所を十分考慮されたい
この脚本での希望事項は左の如くである

(1) シーン17 五右衛門が盲人を斬るところ 二度斬っているのは残酷にすぎる故に止めて貰いたい (残酷)

(2) シーン38 おさわの台詞の中「忠義をつくして……」は 忠義をの三字を止めて貰いたい (社会)

夢と知りせば	松竹

製作 山口松三郎
原作 富田常雄
脚本 馬場当
監督 中村登

と―13

恩愛のしがらみに仲を裂かれた男女が 幾年の後に再び相結ばれる恋愛メロドラマ

シーン99 光久の本を読むところ 「ススメ ススメ ヘイタイススメ」だけ止める方が

よろしいと思う（国家）

審査集計

規程條項	関係脚本題名及希望個所数		集計
1 国家及社会	「昭和の動乱」	21	31
	「さすらいの旅路」	1	
	「曉の急襲」	1	
	「箱根風雲録」（自主改訂版）	1	
	「剣難女難」	2	
	「決斗鍵屋の辻」	1	
	「江戸恋双六」	2	
	「真説石川五右衛門」（自主改訂版第二稿）	1	
	「夢と知りせば」	1	

2	法律	「八つ墓村」	1	10
		「失うべからず」	1	
		「わかれ雲」	3	
		「暁の急襲」	1	
		「悲恋椿」	3	
		「江戸恋双六」	1	
3	宗教			0
4	教育	「波」	1	3
		「山びこ学校」	1	
		「極楽六花撰」	1	
5	風俗	「暁の急襲」	2	4
		「江戸恋双六」	2	

c—2

番号	項目	作品	件数	計
6	性	「波」	1	7
		「山びこ学校」	1	
		「暁の急襲」	1	
		「悲恋椿」	2	
		「江戸恋双六」	2	
7	残酷醜汚	「昭和の動乱」	1	16
		「波」	1	
		「母子船」	3	
		「さすらいの旅路」	1	
		「八ッ墓村」	1	
		「暁の急襲」	2	
		「悲恋椿」	1	
		「箱根風雲録」（自主改訂版）	4	

c—3

「剣難・女難」

「真説石川五右衛門」（自主改訂版第二稿）

希望事項總数……七一

審査映画一覧

審査番号	題名	会社名	巻数	呎数	製作	企画	原作	脚本	監督	キャスト
五一四	鞍馬天狗決定版 鞍馬の火祭	松竹	十一	八、二一〇	小倉浩一郎		大佛次郎	豊田栄	大曾根辰夫	嵐寛寿郎 入江たか子
五三九	夢多き頃	松竹	十	八、二一二	久保光三			長瀬喜伴 佐々木康	佐々木康	淡島千景 川路龍子
五二二	ちわれ人妻	松竹	十	八、二三七	田岡敬一		林芙美子	柳井隆雄	池田忠雄	角梨枝子 若原雅夫
五〇八	海の花火	松竹	十三	一〇、九五四	小倉武志			木下惠介	木下惠介	木暮実千代 三国連太郎
五四六	あの丘越えて	松竹	九	七、四七七	山口松三郎		菊田一夫	瑞穂春海	瑞穂春海	鶴田浩二 美空ひばり
[illegible]一五	ホープさん	東宝	九	八〇〇七	藤本真澄		源氏鶏太	山本嘉次郎 井手俊郎	山本嘉次郎	小林桂樹 高千穂ひづる

c—5

五二[illegible]	完結 佐々木小次郎 巌流島決斗	東宝	十	八、八〇八	宮城鎮治		村上元三	村上元三、松浦健郎	稲垣浩	大谷友右衛門 三船敏郎
五三四	哀愁の夜	東宝	九	七二二〇	藤本真澄		井上靖	井手俊郎	杉江敏男	越路吹雪 二本柳寛
五一一	女次郎長 ワクワク道中	大映	十	八〇一五			高桑義生	民門敏雄	加戸敏	笠置しず子 キドシン
五二七	愛染橋	大映	九	七三四二			川口松太郎	依田義賢 野淵昶	野淵昶	田中絹代 岡譲二
五〇二	炎の肌	大映	十	八一二八			阿部知二	八住利雄	久松静児	宇佐美淳 三條美紀
五三七	母人形	大映	十	七、七二一				松田昌一	佐伯幸三	三益愛子 白鳥みずえ
四八三	源氏物語	大映	十四	一一、五〇〇	永田雅一	松山英夫		新藤兼人	吉村公三郎	長谷川一夫 木暮実千代
五三五	高原の駅よ さようなら	新東宝	九	六七五二	伊藤基彦			山下与志一	中川信夫	水島道太郎 香川京子
五二三	十六文からす堂 千人悲願	新東宝 宝プロ	九	六、五〇四	高村正嗣		山手樹一郎	木下藤吉	萩原章	黒川弥太郎 市川春代

四九八	ブンガワン・ソロ	新東宝 佐藤プロ	十	七、五九一	佐藤一郎		金貝省三	和田夏十	市川崑	池部良 久慈あさみ
五三三	平手造酒	新東宝	十	八、七三六	竹中美弘		中山義秀	橋本忍	並木鏡太郎	山村聡 花井蘭子
五二五	酔いどれ八万騎	東映	十一			麻川公成	山上伊太郎	マキノ雅弘	マキノ雅弘	原健作 宮城千賀子
四七七	この旗に誓う	東映	九	七、七八九				沢村勉	小杉勇	大日方伝 夏川静江
四六五	肉体の幻想	東芸 映画	二	一二二三	長山益三	小島亭弘			松岡知己男	アンナ・泉
五〇〇	三太腕白物語	民芸	九	七、四六〇	吉田英彦		青木茂	大黒東洋士	鈴木英夫	多々良純 下元勉
五三九－T－二	松竹製作ニュース 第六五号	松竹			夢多き頃					
五〇八－T－一	〃 特報	松竹			海の花火					

五〇八－T	松竹製作ニュース 第六六号	松竹		海の花火
五二二－T	〃 第六七号	松竹		あわれ人妻
四四－T－一	〃 特報	松竹		大江戸五人男
五二一－T－一	東宝スクリーン・ニュース No. 13	東宝		完結 佐々木小次郎 巌流島決斗 哀愁の夜
五二一－T－二	完結 佐々木小次郎 巌流島決斗	東宝		第二報
五三〇－T	東宝スクリーン・ニュース No. 14	東宝		哀愁の夜 めし
五二七－T	大映ニュース 第一六三号	大映		愛染橋
五〇二－T	〃 第一六四号	大映		炎の肌
五三七－T	〃 第一六五号	大映		母人形

四八五－T	五二八－T	四九一－T－二	四九八－T	四九八－T－二	五三三－T	四七七－T	五五三－T	五四一－T
〃 第一六六号	〃 第一六七号	羅生門	ブンがワン・ソロ	ブンがワン・ソロ	平手造酒	この旗に誓う	八つ墓村	風雪二十年
大映	大映	大映	新東宝	新東宝	新東宝	東映	東映	東映
源氏物語	飛驒の小天狗		第一報	第二報				

E-二〇五	躍進照国	日映	二	六一七	照国海運株式会社 企画 十六ミリ
E-二三九	ムービー・アト NO 8	電通	一	二〇〇	森永ミルクキヤラメルの宣伝映画
E-二六四	ヘルシンキへの道	読売映画社	二	一、五一一	
E-二九五	日章旗よみがえる	読売映画社	三	二、四二〇	講和会議の記録
E-二九六	まんが映画のできるまで	日映科学映画製作所	一	八四一	
E-三〇一	昭和二十六年秋場所記録 大相撲熱戦集	大日本相撲協会映画部	二	一、四〇一	
E-三〇二	珪肺	日映	一	七八五	全日本鉱山労働組合連合会 企画
E-三〇三	日本ライン大山 夏篇	東京発声	一	五八〇	
E-三〇六	雷ころ助	日本映画株式会社	二	一、三三〇	人形劇映画

E-三〇七	秋の踊り 星の素肌	松竹	二	一、六四四	松竹少女歌劇「秋の踊り」 天然色
E-三一三	日活国際会館 完成迫る	日本カラーフイルム研究所	一	五五〇	日活株式会社企画課 企画
P-一七六	ムービー・タイムス 第一七六号	プレミア			
P-一七七	〃 第一七七号	プレミア			
P-一七八	〃 第一七八号	プレミア			
P-一七九	〃 第一七九号	プレミア			
S-一七八	旅鴉お妻やくざ	日活	七	四、八三九	原作・脚本 太秦発声文芸部 監督 古海卓二 製作 昭和九年十月 CCD番号 A一〇・三一二

映画審査概要

○哀愁の夜　東宝

使用許可をとってロケしたG・H・Qの野外音楽堂が出て来るが　舞台にあるG・H・Qの大きマークが写るのは　なるべくこんな場合かくして欲しいものと思う　これはこのまゝにするが　今後かゝることなきよう注意を望む　（この日比谷の音楽堂は　新東宝その他でも従来ロケに使ったが　舞台のマークは出てこなかった）

○肉体の幻想　東藝映画プロダクション

二巻目「ファン・ダンス」のところ　横腰線の見えるカットの一部にそれが見えなくなるよう処置方を希望し　製作者側に於て其の部分に雲を配して処置された。

○酔いどれ八萬騎　東映

源内とお新のラブシーン　風俗上の点につき五呎削除希望し実行された。

c—12

○　松竹製作ニュース第六五号（夢多き頃）　　　　松　竹

修二が狒代の頬を打つ場面（五呎）削除希望し実行された

但し　本篇にては問題は別とする

○　秋の踊り・星の素肌　　　　　　　　　　　　松　竹

レビューの色彩実写映画であるが　あるシーンで「紙」の国と「マッチ」の国の戦いに、「各員奮励努力せよ」がもじつて使つてあつたが　物が物だけに（風俗は時代風俗）これはこのまゝにした　今后　かゝる実写映画においても　右のような場合注意されたいとおもう。

○　旅鴉お妻やくざ　　　　　　　　　　　　　　日　活

既にＣＣＤ検閲に於いて各所を切除せられた後のもので（原フィート数五七二呎）規程に照して仁義を切る箇所（四二呎）を更に除いて貰つた　好ましいものとは云えないが、製作年度の古さによつても　その表現の稚さによつても　この映画がやくざの美化した印象を与えるほど強力なものとは考えられず　これはこれとして認めた。

宣傳廣告審査概要

スチール

○八つ墓村　　東映

殺人鬼が四人を斬殺して　その死体が累々と転がっている場面スチール（番号21）は残酷の感があるので　使用中止方を希望した

各社封切一覧

封切日	審査番号	題名	製作会社	備考
松竹				
十月十二日	五一四	鞍馬の火祭	松竹	
十月十九日	五三九	夢多き頃	松竹	
十月十八日	五二六	あわれ人妻	松竹	
十月二十五日	五〇八	海の花火	松竹	
大映				
十月五日	五一一	女次郎長ワクワク道中	大映	
十月十二日	五二七	愛染橋	大映	
十月十九日	五〇二	炎の肌	大映	
十月二十六日	五三七	母人形	大映	

東宝・東映

十月 五日	五二五	酔いどれ八萬騎	東映	
十月 十二日	四七七	この旗に誓う	東映	
十月 十九日	五一五	ホープさん	東宝	
十月 二十六日	五二一	完結 佐々木小次郎 巌流島決斗	東宝	

新東宝

十月 五日	五三五	高原の駅よさようなら	新東宝	
十月 十二日	五二三	千人悲願	新東宝 宝プロ	
十月 十九日	四九八	ブンガワン・ソロ	新東宝	
十月 二十六日	S－五三	天狗廻状	日活	（新版）
十月 二十六日	S－八	関の弥太っぺ	日活	（新版）

映画倫理規程審査記録　第二十八号

昭和二十六年十一月五日発行

発行責任者　池田義信

東京都中央区築地三ノ六
日本映画連合会
映画倫理規程管理部
電話(55)二八〇二
〇六九六番

映画倫理規程審査記録

第29号

※収録した資料は国立国会図書館の許諾を得て、マイクロデータから復刻したものである。
資料の汚損・破損・文字の掠れ・誤字等は原本通りである。

29

映画倫理規程

審査記録

26.11.1〜26.11.30

国立国会
26.12.18
図書館

日本映画連合会

映画倫理規程管理委員会

目次

1 管理部からのお知らせ……a〜1
2 審査脚本一覧……a〜6
3 脚本審査概要……a〜9
4 審査集計……c〜1
5 審査映画一覧……c〜5
6 映画審査概要……c〜12
7 宣伝広告審査概要……c〜15
8 各社封切一覧……c〜18

管理部からのお知らせ

○十一月九日の管理委員会に於て　最近時代劇の製作が激増する傾向に鑑み　審査には一層慎重な態度を以て萬遺漏なきを期することと申合せました。

○禁止映画中の一部再審査について十一月十三日附書簡を以てCIEニユーゼント局長よりその資格を管理委員会に与えられましたその下　十一月廿七日の管理委員会に於てその審査方針を研究討議　左の如く決定を見ました。

*

映画倫理規程管理委員会は兼而日本映画連合会よりSCAPIN二八七号指令にもとづく禁止映画の一部再審査についての申請を行っていたところ　今般総司令部民間情報教育局長の指示により禁止映画中三七作品に対する再審査の資格を映画倫理規程管理委員会に与えられたについては該作品再審査の慎重を期するため「禁止映画の一部再審査方針」を関係当局諒解の下に別項のように決める。

禁止映画一部再審査方針

（審査方針）

○連合軍総司令部から日本政府宛指令「反民主々義映画の除去に関する件」に於て指示された條項

一、国家主義的、軍国主義的又は封建思想の宣伝に利用された作品であるかどうかについて

二、同指令に於て特にあげられている事項

A 封建的法典の遵奉

B 武士道精神の強調

C 人命軽視

D ヤマト民族の無比な優越感

E アジアに於ける日本の特殊的役割

等については　それ等の思想が特に強調されているかどうかについて

○日本映画連合会制定の映画倫理規程の前文及各項について

○再審査に関する「審査報告」は関係当局に提出し　これが上映等については別に指示

を受ける

○審査の方法は次のように決める

A 文部省に於て保管されているプリントによつて審査する。プリントのないもの及プリント状態の悪いものはネガを借りてプリントをつくる。

B 脚本の作成は困難なため梗概によつて脚本に代える

C 審査の作品順位は関係会社と会議の上で決める

D 審査員は 映画倫理規程管理委員会専門審査員がこれに当る・協力員は この仕事に協力する

○この審査のために特別管理委員会を映画倫理規程管理委員会内に設ける

委員は次の人たちを委嘱する。

池田 副委員長

細谷 委員

堀江 委員

須田 委員

林 委員

◎各社作品

会社名	題名	巻数
松竹	天狗倒し	七
	都会の奔流	一〇
	雪之丞変化（総集版）	一三
東宝	姿三四郎	九
	龍神剣	一〇
	ロッパの大久保彦左衛門	七
	虎の尾を踏む男達	六
大映	山参道	一〇
	海猫の港	一一
松竹	名刀美女丸	八
	花咲く港	九
	をぢさん	八
	高原の月	九
東宝	磯川兵助功名噺	一〇
	伊那の勘太郎	一〇
	水戸黄門漫遊記	一二
	越後獅子祭	八
大映	江戸の朝霧	一二
	護る影	一〇

2—4

大映	
母よ嘆くなかれ	八
富士に立つ影	一〇
想ひ出の記	一一
五重の塔	七

日活	
恋山彦	一二
水戸黄門廻國記	一二
鳥人	一三
江戸最後の日	一〇
柳生大乗剣	七
續清水港	一〇

大映	
大砲の響	一〇
乞食大将	七
或る病院の出来事	七

日活	
天兵童子大会	一一
風雲将棋谷	一〇
初姿人情鳶	六
彌次喜多道中記	一〇
検事とその妹	七

a—5

審査脚本一覧

会社名	題名	受付日	審査終了日	備考
大映	雪崩	一〇・二九	一一・二	
大映	銭形平次捕物控 恋文道中	一〇・二九	一一・二	
東映	拳銃地獄	一〇・三一	一一・二	
キヌタプロ	母なれば女なれば	一〇・一一		
〃	改訂版	一一・二	一一・六	改訂第二稿
東宝教育	南国の肌	一〇・三一	一一・六	
大映	月から来た男	一一・五	一一・七	
東映	新選組 京洛風雲の巻	一一・二	一一・七	
東宝	結婚行進曲	一一・五	一一・八	
東宝	女ごころ誰か知る	一一・九	一一・一二	

東宝	慶安秘帖	一一 九	一一 一二	
東映	怪傑鉄仮面	一一 一二	一一 一五	
松竹	此の春初恋あり	一一 九	一一 一六	
松竹	旗本退屈男 江戸城罷り通る	一一 五	一一 一六	「旗本退屈男」の改題
新東宝	右門捕物帖 緋鹿の子異変	一一 一五	一一 二一	
大映	浅草紅団	一一 一九	一一 二一	
松竹	唄くらべ 青春三銃士	一一 二〇	一一 二一	
松竹	陽気な渡り鳥	一一 二一	一一 二六	
新東宝	殴られた石松	一一 二一	一一 二六	
新東宝	恋の蘭燈	一一 二四	一一 二六	
新東宝	唐手三四郎	一一 二四	一一 二六	
松竹	本日休診	一一 二四	一一 二七	
新東宝	西鶴一代女	一一 二四	一一 二七	

東宝	青春会議	一一二八	一一三〇
大映	群狼の街	一一二九	一一三〇

◎新作品……………………二四

シナリオ数……………………二五（内改訂版一）

内訳＝松竹、五　東宝四　大映五　新東宝五

東映、三　東宝教育一　キヌタプロ二（内改訂版一）

◎審査シノプシス……………………二

内訳＝新東宝一　児井プロダクション一

a—8

脚本審査概要

雪崩　　大映

脚本
監督　新藤兼人

乙女の純愛と死が　恋人とその妻の結婚の破綻を救う物語

希望事項なし

銭形平次捕物控
恋文道中　　大映

製作　清川峰輔
原作　野村胡堂
脚本
監督　冬島泰三

大名の奥方の古い恋文が側室の陰謀で盗まれた事件に　銭形平次が活躍する物語

a—9

希望事項なし

拳銃地獄

東映

企画　岡田寿之
原作　三好十郎
脚本　高岩肇
監督　野村浩将

密輸団の兇漢をめぐる恋愛活劇物

(1) 貴島がギャングの生活に愛想をつかし　足を洗いたいという気持を強調するよう希望（法律）

(2) シーン106　貴島が蘇生して劇団に加わるのは好いが、それのみでは悪の清算にならぬから　その点改訂するよう希望（法律）

(3) 乱斗の場面は成るべく簡単にする。特にシーン67〜83は　宛然無警察状態であるから　極度に簡略にするよう希望（社会、法律）

(4) 前半にある密輸の描写は　余り具体的にわたることは避けるよう希望（法律）

(5) シーン28　少年達が山本の射的に感心する個所で　「本当かい　じゃ二丁拳銃だね　お

じさん？」尊敬をこめた眼ざし――は教育上の点で削除を希望（教育）

(6) シーン52 貴島が国友をナイフではらう個所は演出注意のこと（残酷）

(7) シーン26 貴島が夕三子と結ばれる場面も同様演出注意のこと（風俗性）

母なれば女なれば	キヌタプロ

製作 寺田昌業
〃 柏倉昌美
原作 徳永直
脚本 棚田吾郎
監督 亀井文夫

空襲下の混乱の中に見失ったわが子を求めつつ、女性としての人生行路に悩む母の姿を描く

(1) シーン24 少年院の少年が投げる「野卑な言葉」は止めて貰いたい（風俗、教育）

(2) シーン27 少年院病舎の少年の台詞「肺病」は他の病気に変えて貰いたい（社会）

(3) シーン36 不良少年が鍵穴に折釘を差し込むところは明示しないこと（法律）

ゆ—11

(4) シーン59

「体がカッカッもして来たら　そこらのタクアンにでも歯ぶつかって　にっと笑顔するんだよ　その一時がすぎると後はもう普段と変りなくきまるかんね」は　性欲衝動の表現であるから　削除するか、他の言葉に変えて戴きたい　（性）

(5) シーン64　明少年が男女相愛の場面を見ての台詞「う、たまらねえ」は　野卑であり子供の台詞として穏当でないので削除を希望　（性、教育）

(6) シーン101　登子の台詞「扮姿の上で散ばされたのさ」は　強姦の表現であって　余りに表現が露骨である。他の言葉に変更するか　削除を希望　（性）

※　※　※

ム -12

南國の肌

東宝教育

製作 野坂三郎
脚本 大橋公威
監督 本多猪四郎

南国の火山灰地の研究に挺身する若い科学者たちの努力を描く

(1) シーン9 林の中の谷川で水浴する女の描写は 演出上注意して欲しい (風俗)

(2) シーン42 表に三万台の自動車が横付けになっている とあるのは ナンバープレートだけは三万台ですぐ 他にもひっかかりのないものに代えて欲しい (法律)

月から来た男

大映
新演伎座

脚本 犬塚稔
監督 佐伯幸三

武士を捨てた裏長屋の浪人者がやくざ者の親分を殺す物語

(1) シーン34末尾五行、及びシーン55全部は 熊斗蔵が矢場の女お清に対する売春強制の要求及び その現場であるので訂正を望む。
これは筋の上でなくてはならぬシーンではないので なるべく省略されたいことを望む
（性）
この描写と連関して シーン39の音次がお辰に聞いている台詞の 「伽をしねえでかい？」は 「相手もしねえでかい」とでも代えて貰いたい （性）

(2) シーン72 行燈竹がおかみの頬をなぐるのは止めて欲しい （社会）

(3) 奥山の矢場が全体に亘って出て来るが ここを売春行為を暗示しないように描写されたい （性）

a—14

新選組

京洛風雲の巻

東映

企画　坪井　与
〃　柳川武夫
原作　村上元三
脚本　東野　稔
監督　マキノ雅弘

幕末の京洛を舞台に新選組をめぐる策謀と愛慾の葛藤を批判的に描く

これは新選組自体を描くよりは（この第一部に於ける限り）　稲葉守之助と云う侍を中心にその人物を通して新選組を批判的に描くものと思われるが　この新選組を在末の時代劇に於けるが如き暴力的な英雄化のなきよう描写に注意して欲しいと思う　この第一部に関する限り　まだこの暴力団的な新選組が　その行動をおこしていないので　その点まだ心配はないが　これは第二部に於いて処置したい問題である

篇中このような内容であるために　尊王攘夷　尽忠報国　皇命を奉戴し云々　一致協力して国難に処する云々　勤王等の台詞の言葉を　例えば倒幕その他適当な言葉に（無批判に使っては困るもの故）代えて欲しい　（国家）

シーン32　侍達に襲われた守之助が「死ぬか生きるか守之助の運の試し時」と刀をふるい　或いは又一人を斬って「御照覧！」と云っているのは　その台詞だけは取って戴きたいと思う　暴力美化の形があるから　（社会）（二ケ所）

追記　なお自主改訂版がさらに提出される旨[illegible]があった

結婚行進曲	東宝

製作　藤本真澄
脚本　井手俊郎
　　　和田夏十
　　　市川崑
監督　市川崑

美男の営業部長の家庭をめぐる明るい結婚ロマンス

希望事項なし

女ごころ誰か知る	東宝

製作　本木荘二郎
原作　北條誠
脚本　八住利雄
〃　山本嘉次郎
監督　山本嘉次郎

新橋藝者と学生スポーツマンの恋愛物語

8—2

(1) シーン25 池内が千代菊の肴物に酒をかける笑いの個所の最後の方は野卑にならぬよう
演出注意を希望 （風俗）

慶安秘帖	東宝

製作 藤本眞澄
〃 宮城鎮治
脚本 棚田吾郎
〃 吉田二三夫
監督 千葉泰樹

徳川封建制の暴圧に乗じた所謂由比正雪の乱を背景として若き麒麟児の秘恋を描く

武士階級に対する批判が忘れられていて 無批判なための武士に対する封建性の肯定や美化になっては困るので 町人の娘小藤の口を通してでも その批判をのべさせたら如何にと傳えた （社会）

シーン112 小藤と三郎との寮の一室の件の最後 抱擁の次に「薄暮の枕辺に音もなく落ちる小藤の簪」でF.Oとなる描写 性行為を暗示しないよう演出注意希望 （性）

追記 自主改訂版再出の予定

快傑鉄假面	東　映

企画　藤川公成
原作　白本春雄
脚本　赤井鉄也
監督　渡邊邦男

三国岳の豪族をめぐる悪旗本の陰謀を暴いた「振袖小姓」の活躍物語

悪役黒姫新八郎の形容に「心形刀流の云々」と如何にも剣を讃美した所が三ヶ所あるが（シーン43　92　115）讃美にならぬ使い方なら流派を出しても好いが　この使い方は誑い文句的であるので訂正を希望したい　（社会）（三ヶ所）

此の春初恋あり	松　竹

製作　小倉武志
脚本　山内久
〃　馬場當
監督　瑞穂春海

若い世代の物の考え方と行動を一家庭の生活に描くラブ・ロマンス

8—4

希望事項なし

旗本退屈男 江戸城罷り通る （「旗本退屈男」の改題）	松竹

製作　杉山茂樹
〃　高木孝一
原作　佐々木味津三
脚本　鈴木兵吾
　　　永江勇
監督　大曽根辰夫

将軍家の偽落胤を暴く「旗本退屈男」の活躍物語

(1) シーン71　「その仇を討つものは」を他の言葉に変えて戴きたい　（社会）

右門捕物帖 緋鹿の子異変	新東宝

製作　竹中美弘
原作　佐々木味津三
脚本　鏡二郎
〃　長島富三郎
監督　中川信夫

8—5

江戸猿若座の俳優の愛憎の葛藤に絡んだ殺人事件を解決する「むつつり右門」の活躍

物語

希望事項なし

浅草紅團	大映

原作　川端康成

脚本　成沢昌茂

監督　久松静児

浅草の女剣戟役者と女歌手の姉妹をめぐる恋愛メロドラマ

(1) 主役の島吉がやくざ的生活を肯定しているようにも受取れるので　その点を否定するように演出されたい　特に島吉が罪の解決をやくざ的に解決せんとすることに対して否定乃至批判が欲しいと考える　（社会、法律）

(2) ストリップの表現は慣例に従って露出しないよう希望　（風俗）

(3) シーン46　49にある「おとしまえ」と云う言葉は止めて欲しい　（社会、教育）

A—6

(4) シーン49の場面に於ける折檻は残酷にならぬよう（残酷）

(5) シーン58 中根が女を平手打ちするのは変えて欲しい（社会）

(6) また女劔戟の舞台面は 残酷の印象を与えぬよう また暴力の讃美にならぬように 特にいれずみ（シーン65）などはつけないよう希望した（残酷・社会）

（舞台劇の場面と云えども 立廻り映画と同じ取扱いをしたいと考える）

唄くらべ 青春三銃士	松竹

製作 石田清吉
企画 福島通人
脚本 八住利雄
監督 齋藤寅次郎

学生スポーツマンの恋と友愛をめぐる人情劇

花売り娘が出て来たり 学生が競輪の車券を買ったりする個所があるが 法律上の点を考慮して演出して貰いたいと希望した（法律）（二ケ所）

陽気な渡り鳥　松竹

製作　小出孝
原作　脚本　伏見晁
監督　佐々木康

旅行く演藝団の少女歌手と南方帰還の実父をめぐって親子の愛情を描く音楽劇

剣戟の舞台の描写は　過度に残酷或いは濃艶にならぬよう演出されたい（残酷・風俗）

殴られた石松　新東宝

製作　野坂和馬
　　　受川策太郎
原作　長谷川伸
脚本　木下藤吉
監督　渡辺邦男

清水次郎長と森の石松が殺人犯人を法の裁きに送る苦心譚

全体としてやくざに対する批判が稍々弱いうらみがあるので　その点を考慮されて　やくざ礼讃にならぬようにされたい（社会）　部分的には

シーン58の仁義は止めること　（社会）
シーン64　次郎長の「、、、体を張つて、、、」は訂正希望　（社会）
シーン29　「桂之進がお沢の髪の毛をつかんで引きずり廻し」は演出注意希望　（残酷）

恋の蘭燈	新東宝

製作　佐藤一郎
脚本　佐伯清
〃　井手雅人
監督　佐伯清

中日混血の歌姫をめぐる恋と母性愛のメロドラマ

希望事項なし

唐手三四郎	新東宝

製作　津田勝二
原作　石野径一郎
脚本　飯島寛一郎
〃　瀬戸口寅雄
監督　並木鏡太郎

8—9

港に巣喰う密輸団の撲滅に努ませて唐手名手の引退・主演、活劇物

(1) シーン25はベッド・シーンにならぬよう訂正されたい（性）

(2) シーン27 伊波の台詞の中「薬」は慣例により改訂希望（法律）

(3) 唐手の場面は 残酷にならぬよう演出注意希望（残酷）

(4) 沖縄生まれの人が登場するが、これも慣例通り事故処理されたい 即ち 彼等が甚だ容易に沖縄に渡航出来たり 送金して来るように描かれているが これは合法的になるように改訂されたい（法律）

(5) 婦人警官が職務の為 花売娘などに扮する挿話があるが たまたま所謂「おとり事件」が問題になっている時だけに 違法にならぬよう慎重に考慮されたい（法律）

本日休診	松竹

製作 山本武
原作 井伏鱒二
脚本 斎藤良輔
監督 渋谷実

ℓ—10

郊外の小病院の人情味あふれる老医師を中心に　さまざまの庶民生活の姿を描く

(1) 悠子が暴漢に犯されるのは悲惨であるので　いたわりの心持で演出されたい　（社会、性）　そしてシーン９の「その上から男が飛びかかって来て、、」の「その上から」、シーン10の「悪疾の感染も考慮しなくては、、」「では上半身だけでも見せて貰おう外傷があるかどうか」「いいえ　結構です」

以上何れも削除を希望　（性）（三ケ所）

(2) シーン23「十日と辛棒、、」も猥褻であり削除を希望　（性）

(3) シーン46　勇作の歌う軍歌は軍歌でないものに変更を希望　（国家）

(4) シーン67　兵隊服の男が三千代（未亡人）をからかう所

「なんならねえ　勿体ねえからね」

「おばさんみたいにね　乙にすました女が却ってモヤモヤしてるんだ　なァ善公」

は削除するか　またはせめて卑猥感の出ないよう演出されたい　（性）

(5) シーン78「堕胎法」はそう云う法律はないので適当に他の表現にして欲しい（法律）

尚　酔払って運転する意味の台詞は時節柄自主的に改訂される由

西鶴一代女　新東宝

製作　児井英生
脚本　依田義賢
監督　溝口健二

一筋の真実をもとめながら宿命のまにまに幾多の変転の悲劇を味う一女性の半生記

この映画は当時の新しい一女性の生涯を真摯な態度で描くのが製作の意図である由で　その視点からすればこの脚本の内容の程度にこの時代の虚偽と暗黒の世界が表現されることは好いと思うが　しかしそれでも極端に醜悪な感じや猥雑なシーンは避けるべきであると考えるので　全篇を通じてその点の演出上の注意を希望した　（残酷・醜汚、風俗　性）

なお　シーン34　35の「殿がお春に対する御寵愛深過ぎて云々」の個所は風俗上少しどぎついと思われるので　その感じを弱めて貰うことにした（風俗、性）

青春会議　東宝

製作　藤本真澄
原作　石坂洋次郎
「楽しいわが家」より
脚本　長谷川公之
監督　杉江敏男

父母の深い愛情に包まれた先妻の娘を中心に明るい若人の生活を描くホーム・ドラマ

(1) シーン32 文美子の「・・・・私の身体だってもう一人前に出来てるんですもの・・」は露骨に過ぎるから訂正を希望（性）

(2) シーン40 夏子が胡坐をかくとあるが 足を投出す程度にされるよう希望（風俗・教育）

群狼の街	大映

脚本 八住利雄
監督 小石栄一

アルバイト学生群とそれを利用蚕食する巷のボス勢力の対決を描く

(1) シーン20 女の逆吊は どぎつくなく表現されたい（残酷）

B—13

(2) シーン59の乱斗の場は残酷の印象を与えないよう演出を希望（残酷）

8—14

審査集計

規程條項	関係脚本題名及希望個所数		集計
国家及社会	「拳銃地獄」	1	20
	「母なれば女なれば」	1	
	「月から来た男」	1	
	「新選組」（第一部）	3	
	「慶安秘帖」	1	
	「快傑鉄仮面」	3	
	「江戸城罷り通る」	1	
	「浅草紅団」	4	
	「殴られた石松」	3	

C—1

番号	分野	作品	件数	計
		「本日休診」	2	
2	法律	「拳銃地獄」	4	13
		「母なれば女なれば」	1	
		「南国の肌」	1	
		「浅草紅団」	2	
		「青春三銃士」	2	
		「唐手三四郎」	3	
		「本日休診」	1	
3	宗教			0
4	教育	「拳銃地獄」	1	5
		「母なれば女なれば」	2	
		「浅草紅団」	1	

c—2

番号	分類	作品	数	計
		「青春会議」	1	
5	風俗	「拳銃地獄」	1	九
		「母なれば女なれば」	1	
		「南国の肌」	1	
		「女ごころ誰か知る」	1	
		「浅草紅団」	1	
		「陽気な渡り鳥」	1	
		「西鶴一代女」	2	
		「青春会議」	1	
6	性	「拳銃地獄」	1	18
		「母なれば女なれば」	3	
		「月から来た男」	3	
		「慶安秘帖」	1	

C—3

7	
残酷醜汚	
「唐手三四郎」	1
「本日休診」	6
「西鶴一代女」	2
「青春会議」	1
「拳銃地獄」	[illegible]
「浅草紅団」	2
「陽気な渡り鳥」	1
「殴られた石松」	1
「唐手三四郎」	1
「西鶴一代女」	1
「群狼の街」	2
9	

C—4

審査映画一覧

審査番號	題名	会社名	巻数	呎数	製作	企画	原作	脚本	監督	主演
五四三	佐七捕物帖 一番手柄	松竹	八	六三九七	石田清吉			柳川真一 永江勇	斎藤寅次郎	高田浩吉 水原真知子
四二四	大江戸五人男	松竹	一四	一一八三七	月森仙之助			八尋不二 柳川真一	伊藤大輔	阪東妻三郎 山田五十鈴
五五二	命美わし	松竹	九	七一五三	小出孝		八木隆一郎	柳井隆雄	大庭秀雄	三國連太郎 淡島千景
五六五	適齢三人娘	松竹	九	七五八一	小倉武志		中野実	中山隆三	川島雄三	若原雅夫 津島恵子
五四〇	めし	東宝	一〇	八七一一	藤本真澄		林芙美子	井手俊郎 田中澄江	成瀬巳喜男	上原謙 原節子
五五八	極楽六花撰	東宝	八	六八八三	加藤譲			渡辺邦男 松浦健郎	渡辺邦男	榎本健一 古川緑波

c—5

五二八	赤道祭	東宝	九	七八〇三	田中友幸		火野葦平	棚田吾郎	佐伯清	伊豆肇 山根寿子
五三八	飛騨の小天狗	大映	九	八二四二			梶野真三	成沢昌茂	小石栄一	菅原謙二 星美千子
五六一	のど自慢三羽烏	大映	九	七九五八			八住利雄	舘岡謙之助	渡辺邦男	小林桂樹 沢村晶子
五七六	月から来た男	大映	一〇	七九四〇				犬塚稔	佐伯幸三	長谷川一夫 水戸光子
五五一	さすらいの旅路	新東宝 岸プロ	八	七、五七五	岸松雄		大林清	岸松雄 井手雅人	中川信夫	龍崎一郎 若山セツ子
五六二	剣難女難 第一部 女心流転の巻	新東宝 宝プロ	七	六五六〇	高村正嗣		吉川英治	木下藤吉	加藤泰	黒川弥太郎 市川春代
五六三	剣難女難 第二部 剣光流星の巻	新東宝 宝プロ	七	六三八〇	高村正嗣		吉川英治	木下藤吉	加藤泰	黒川弥太郎 市川春代
五五三	八つ墓村	東映	一〇	八三九一		岡田茂	横溝正史	比佐芳武 高岩肇	松田定次	片岡千恵蔵 相馬千恵子
五四一	風雪二十年 原作尾崎士郎 天皇機関説より	東映	一二	一一、三五四	岩井金男		尾崎士郎	猪俣勝人	佐分利信	岡田英次 宮城野由美子

五二〇	真説 石川五右衛門	東映	九	八、六九〇		石川定一 坪井与	檀一雄	若尾徳平	関川秀雄	荻原遼 花柳小菊
五二六	高原の悲歌	東京プロ ニユークレントプロ	九	七、四二八	早川秀夫 原千秋			外山凡平	原千秋	立松晃 岸旗江
五二九	陰獸をめぐる七人の女	大京映画	六	四、七五〇		吉川正憲		稲田実	稲葉蛟児	原健作 草島競子
五四二	紅涙草	新映株式会社	一〇	六、三二五				山崎謙太	伊賀山正徳	宇佐美淳 折原啓子
五五〇	或る夜の出来事（失うべからずの改題）	新映株式会社	八	六、八七二		大塚和	横光利一	稲垣浩	島耕二	宇野重吉 轟夕起子
五五四	わかれ雲	スタジオ8プロ	一〇	八、八〇三	平尾郁次			館岡謙之助 田中澄江	五所平之助	川崎弘子 沼田曜一

四二四－T	松竹製作ニュース 第六八号	松竹			大江戸五人男
五四〇－T	東宝スクリーン・ニュース NO.15	東宝			めし 赤道祭
五二八－T	〃 〃 NO 16	東宝			赤道祭

C—7

五六一ーT	大映ニュース 第一六八号	大映			のど自慢三羽烏
五四二ーT	〃 第一六九号	大映			紅涙草
五七六ーT	〃 第一七〇号	大映			月から来た男
五三六ーT	〃 第一七一号	大映			馬喰一代
五五一ーT	さすらいの旅路	新東宝 岸プロ			
五三二ーT	女豹の地図	新東宝			
五四一ーTー二	風雪二十年 原作尾崎士郎 天皇機関説より	東映			
五二〇ーT	真説 石川五右衛門	東映			
五五四ーT	わかれ雲	スタジオ 8プロ			
E－二九七	交通教室	東京映画技術研究所	一	九〇〇	日本交通協会 企画
E－二九八	魔法の靴	S.C.P	一	八〇〇	色彩漫画映画
E－三〇〇	お山の凱歌	S.C.P	一	八〇〇	色彩漫画映画

6—8

E－三〇五	発電機	岩波映画製作所	二	一、四〇〇	東京芝浦電機株式会社 企画
E－三〇八	愉快なスケッチ・ブック	モーション・タイムズ	二	一、八〇七	神奈川縣観光協会 企画
E－三〇九	アド・トーキー 限りなき青春	日東映画（株）	一	二〇〇	森永ドライミルクの宣伝映画
E－三一〇	歩く文明	岩波映画製作所	二	一、七八〇	日本ゴム株式会社文化研究所 企画
E－三一一	銀輪の祭典	日映	一	七二〇	大阪府自転車振興会 企画
E－三一二	N・H・Kアルバム	日映	一	九六二	日本放送協会 企画
E－三一四	お砂糖の話	日映	一	六二一	大日本製糖株式会社 企画
E－三一五	丹頂鶴をさぐる	日映	一	五一一	
E－三一六	災害三たび	読売映画社	一	八四三	福岡縣 企画
E－三一七	夢にあらず 電力と産業福島	読売映画社	二	一、四一〇	福島民友新聞社 企画
E－三二〇	樟脳物語	日本産業映画社	一	九九〇	日本樟脳協会 企画
E－三二一	ルース台風 鹿児島縣を襲う	日映	一	八四七	鹿児島県 企画
E－三二二	蔵王の皇太子	日映	一	一三五	山形縣 企画 一六ミリ

E一三二三	ムービー・アド NO11 セメント娘	電通	一	二〇〇	小野田セメントの宣伝映画
E一三二四	皇太子殿下八戸工場へ	日映	一	三八〇	日東科学工業株式会社 企画
E一三二五	日活スポーツ・センターだより NO.4 NO.5	日本カラーフイルム研究所	一	三〇〇	
E一三二九	電力の危機	日映	一	一八〇	東京電力株式会社 企画
E一三三〇	ムービー・アト NO12 ニコニコ一家	電通	一	一八〇	日興投資信託の宣伝映画
E一三三一	シンガ	三映社	四	三五六〇	怪獣映画
E一三三三	狸ばやし	東宝教育	一	三一五	色彩漫画映画
E一三三四	デコちゃん千一夜	新東宝	四	三四三一	
E一三三五	婦人消防隊	日映	一	九七	愛知県消防警備課 企画 一六ミリ
E一三三六	アド・トーキー 女性を美しく	日東映画(株)	一	三〇〇	黒龍クリームの宣伝映画
E一三三九	希望の丘	共同映画製作所	六	三九九〇	
E一三四〇	天皇陛下をお迎えして 東洋レーヨン滋賀工場	日映	一	七二五	

C—10

P－一八〇	ムービー・タイムズ第一八〇号	プレミア			
P－一八一	〃第一八一号	〃			
P－一八二	〃第一八二号	〃			
P－一八三	〃第一八三号	〃			
P－一八四	〃第一八四号	〃			
S－一七九	瞼の母	東宝	九	七、五四七	製作 森田信義 原作 長谷川伸 脚本 竹井諒 監督 近藤勝彦 製作 昭和十三年 CCD番号 A三〇

C—11

映画審査概要

○大江戸五人男　　　　　松竹

肌をぬいでいつれずみの出る場面　削除を希望した。

○月から来た男　　　　　大映

矢場の描写は、売春行為を暗示しないようにとの　前もっての希望であったが、脚本は一部自主的に改稿され　音次の台詞のなかに、それを暗示するものあり　この部分を除いて貰った。

第二巻　「ちつ　仕様のねえ　云う奴の寝床でものべるんじゃあるめえし　いつまで待つてやんでえ」　（二十六呎）

○剣難女難（第二部・剣光流星の巻）　新東宝　宝プロ

賭場に於ける「男を賣る稼業」と云う台詞　削除を希望した。

C―12

○八つ墓村　東映

劇中に使用される青酸カリ（毒薬として）は、従来通りふせて貰うか、さもなければここでは特に薬名をかくすことが不可能なので　せめて一般的ならざる化学名にでもして（例えば通稱シアンカリ等）欲しい旨伝えたところ　「硝酸カリ」に代えられただけで、当方の意のあるところを汲んで貰えなかったのは遺憾であった。これはこのまゝとするも、今后かゝることなきよう特に注意せられたいことを望んだ。

○眞説　石川五右衛門　東映

義賊を思わす台詞二ヶ所とり除いて貰った。（十呎）

○風雪二十年　東映

原作　尾崎士郎　天皇機関説より

この映画の中には　他の一般の劇映画に於ては　当然止めて貰っている描写台詞　事実がかなり出て来るが　これは歴史的な昭和の事実に対して十分とまではゆかなくとも、一応批判的に描こうとしたその主題を考慮して、以上の点はこの映画故に問題としなかった

C—13

かのであることを特に含んでおいて欲しい。

たゞ一ヶ所　脚本審査に於いて除かれることを希望した手帳の文句の部分が残っていたが　これは撮影の事情によってかくなったものの由で　こゝだけは遺憾であるが　一応このままにすることとした。なお　特攻隊の実写らしきものがあるが（バストでパンするカット）これはその実、特攻隊の実写ではなく　他の時のものであることを念のためのべておく。かゝる映画の製作に当っては、特に当方との事前よりの緊密な協力と支持とがなくては慮り知れない影響も生じかねないので　特に今後の注意を望みたい旨を伝えておいた。

○　陰獣をめぐる七人の女　　大京映画

女が男をくどく件があり　その台詞「私の体を好きなようにしてもいゝのよ」と云うしぐさの所　削除を希望した。

○　愉快なスケッチ・ブック　　モーション・タイムズ

浴場に裸女の、上半身の動くもの二カット（九呎）削除を希望した。
モデル女は裸体であるが、後方だし、ピンボケをしていて、別に煽情的でないので残してある。

宣傳廣告審査概要

スチール

○ さすらいの旅路　新東宝

シュミーズ姿の女（暁テル子）が男（龍崎一郎）にとりすがる場面スチール（番号17）は風俗上挑発的印象を与えるので　使用中止方を希望した。

○ 十六夜街道　大映

大河内伝次郎を中心とする殺陣場面スチール（顔面に血糊が垂れ　大河内が敵の横腹に長脇差を突き刺している　番号なし）は残酷の感があるので使用中止方を希望した。

プレス

C―15

○十六夜街道　大映

本映画のプレス中に十一月十[illegible]日附（宣伝審査報告[illegible]）を以つて使用中止方を希望したスチール（大河内伝次郎が額から血を流して斗つている殺陣場面）がカットとして挿入されていたので　スチールと同様、このカットの使用中止方を希望した。大映宣伝部より下記の如き印刷物をプレスに添附して配布するとの報告があつた。

注意

「十六夜街道」のプレスに挿入したカット（大河内が額に血を流して斗つている場面のもの）は映画倫理規程管理委員会より「使用不可」の注意がありました。従つてこのカットを御使用なさらぬ様にお願い致します

昭和二十六年十一月二十四日　大映宣伝部

各位

宣伝文案

十二月一月封切作品決定文案集　大映

○　本文案集中正月第四週封切予定作品「群狼の街」（十一月二十七日現在脚本は未提出）の文案中に「意外！アルバイト女学生が春を売らされた」とあるが「春を売らされた」と云う字句は風俗上挑発的印象を与えるおそれがあるので　訂正方を希望した。その後大映より「媚を売らされた」と改訂する旨連絡があった。

ポスター

○　江戸の龍虎　　日活新版（配給　新東宝）

本映画のポスター中に「相馬大作誠忠秘聞」とあるが「誠忠」なる字句は武士道精神を讃美する言葉であるのでその削除方を希望した。

併し乍ら本ポスターは既に配布済であるので　配布先へこの旨伝達する様希望した。

なお、本ポスターの原稿は事前に提出されなかったことを附言しておく。

各社封切一覧

封切日	審査番号	題名	製作会社	備考
松竹				
十一月一日	五四六	あの丘越えて	松竹	
十一月九日	五四三	伝七捕物帖 一番手柄	松竹	
十一月十六日	五五二	命美わし	松竹	
十一月二十三日	四二四	大江戸五人男	松竹	
十一月三十日	五六五	適齢三人娘	松竹	
東宝＝東映				
十一月二日	五五三	八つ墓村	東映	
十一月九日	五三〇	哀愁の夜	東宝	
十一月十六日	五四一	風雪二十年 原作尾崎士郎「天皇機関説」より	東映	

十一月二十三日	五四〇	めし	東宝	
十一月三十日	五二〇	真説 石川五右衛門	東映	

大映

十一月二日	四八三	源氏物語	大映	
十一月九日	五三八	飛騨の小天狗	大映	
十一月十六日	五六一	のど自慢三羽烏	大映	
十一月二十四日	五四二	紅涙草	新映	
十一月二十九日	五七六	月から来た男	大映	

新東宝

十一月二日	五三三	平手造酒	新東宝	
十一月九日	五五一	さすらいの旅路	新東宝 岸プロ	
十一月十六日	五六二	剣難女難 第一部女心流転の巻	新東宝 宝プロ	
十一月十六日	E―一三三一	シンが	三映社	

十一月二十三日	五五四	わかれ雲	スタジオ八月プロダクション	
十一月二十三日	E―一三三四	デコちゃん千一夜	新東宝	
十一月三十日	五六三	剣難女難 第二部剣光流星の巻	新東宝 宝プロ	
十一月三十日	S―一七一	江戸の龍虎	日活	（新版）

映画倫理規程審査記録第二十九号

昭和二十六年十二月五日発行

発行責任者　池田義信

東京都中央区築地三ノ六

日本映画連合会

映画倫理規程管理部

電話築地(55)二八〇二
〇六九六番

c—20

映画倫理規程審査記録

第30号

※収録した資料は国立国会図書館の許諾を得て、マイクロデータから復刻したものである。
資料の汚損・破損・文字の掠れ・誤字等は原本通りである。

30

映画倫理規程

審査記録

26.12.1〜26.12.31

日本映画連合会

映画倫理規程管理委員会

目次

1 管理部からのお知らせ……a〜1
2 審査脚本一覧……a〜8
3 脚本審査概要……a〜11
4 審査集計……c〜1
5 審査映画一覧……c〜5
6 映画審査概要……c〜14
7 宣伝広告審査概要……c〜16
8 各社封切一覧……c〜18
9 第二十五号—二十九号索引……c〜21

○管理部からのお知らせ

（一）

映画倫理規程管理委員会に於ては　将来の外国映画審査の問題に関してかねて研究中でありましたが　この程成案を得ましたので　関係各面特に日本側重要官庁　衆議院議長　参議院議長　最高裁判所長官　内閣総理大臣　文部大臣　大蔵大臣　通商産業大臣　厚生大臣　法務総裁　最高検察庁検事総長の諒解の上　十二月十四日の定例会議に於て外国映画関係業者に対して「映画倫理規程」に基く審査に全面的な支持協力を求める旨の提議を行うことを左の如く決定し　近く関係各社に申入れることになりました。

外國映画関係業者に対する提議

外国映画の審査に関する件

外国映画の輸入配給上映については　日本の映画産業が　現在　その責任に於て日本国民の道徳水準を低下せしめるような映画の出現を防止するために　自主的に映画倫理規程を制定し　これが運営管理を実施し　その效果をあげているが　この精神及事実を尊重され　全面的な支持及協力を要望するものであることを提議する

（原則）

輸入外国映画は日本国民の文化的生活向上に貢献する作品であることは勿論であるが先づ次の原則によることが妥当と考える。

一　日本の民主化を阻害するようなものであってはならない

二、日本の社会秩序を破壊するようなものであってはならない

三　日本国民に道徳的な悪影響をもたらすようなものであってはならない

（方法）

外国映画の輸入配給及上映される者は　この前文及原則を承認されることによって次の方法に則っていただくことを要望し提議する

一　日本国内に映画を上映しようとする場合は　前記原則に抵触するかしないかを決定する撰選委員会を各国映画業者の代表者によって作られたい

二　撰選委員会の承認によって　日本国内に上映しても差支えないとの意見が一致を見た時は　日本人観客に上映する準備として　日本映画連合会映画倫理規程管理委員会に協力され　日本映画連合会制定の映画倫理規程による審査をうけられたい

三　映画倫理規程管理委員会は日本映画連合会制定の映画倫理規程を基準として映画を審査する

a—2

但し　各国の道徳風俗習慣及製作規程は尊重されなければならない

四、審査に協力される場合　日本語のタイトル台本と参考のために原文台本とを提出されたい

五、映画倫理規程管理委員会は　映画（台本をふくめる）を審査した場合　もしも　日本国内上映に不適当な箇所を発見したる場合は　これをとりのぞくことを豫選委員会に勧告する

六、豫選委員会は　映画倫理規程管理委員会の勧告及意見を尊重し適当な措置をとられたい

七、映画倫理規程管理委員会が日本国内上映に差支えなしとの見解を下したものについては　国内上映に対しての認印（マーク）を映画に挿入していただきたい

外国映画の輸入配給上映される方は前各項の趣旨を認識せられ協力されたい

即ち日本映画と同様　映画倫理規程管理委員会の審査マークのない映画は配給又は上映されないことに対して協力していただきたいのである

（附記）

一、映画倫理規程管理委員会は　一九四五年九月二十七日付連合軍最高司令官より日本

a—3

政府覚書「映画事業に関する日本政府の統制撤廃に関する件」の條項に依ると されたる「日本ノ映画事業ヲ政府ノ管理ヨリ開放シ 且ツ該事業ヲシテ日本ノ民主主義的要望ヲ反映セシムルヲ以テ本指令ノ目的及意図トスル 将来日本ノ映画業者が本指令ノ意図ヲ忠実ニ示スルニ至レル時 業者ハ監督機関トシテ行動スル委員会ヲ自ラ設置スルモノト思考サルル」とあり 一九四九年六月十四日日本映画連合会は映画倫理規程を制定し 委員会を設けて これが自主的な運営管理を実施し来ったものである。

二 一九五〇年四月八日付 連合軍総司令部の同状第八号によって外国映画の輸入配給に関する規程が発表即日実施されているが その十四條に於て「外国映画の輸入を許可されたものは 現在官僚統制制度復活の基礎をあたえまいとする日本映画産業の希望に共鳴するならば 日本映画連合会の映画倫理規程を知悉し これを尊重することを勧告する」とあり 外国映画の輸入業者はこの條項を知悉されているものと思われる。

(二) 先にCIEからその資格を与えられました 禁止映画の一部再審査については（第二十九号参照）そのうちの左記作品の審査を終了し 十二月廿六日の管理委員会に於て特別

管理委員会の審査経過を報告し承認を得ましたので正式に総司令部関係当局にこれを報告しました　尚引続いてその他の作品の審査を開始します

禁止映画の再審査につきましては　再審査の結果を関係当局に報告するだけでありまして　これによって直ちに上映許可の措置がとられるものではなく　この報告に基き関係当局が　如何なる判定を下すかは別個の措置であります　殊に禁止映画が最近また地方に於て不正上映されたため当局から摘発されている実証もあり　映画界としても禁止映画の取扱いについては慎重を期さなければならないので管理委員会としましては　禁止映画の不正売込み上映等について興行組合を通じて全国映画館に厳重な自粛方を申入れることになりました

再審査終了報告作品は

（松竹）　雪之丞変化（家草総集版）　都会の奔流

（東宝）　虎の尾を踏む男たち　姿三四郎

（大映）　乞食大将　富士に立つ影

（日活）　続清水港　弥次喜多道中記

(三)　大谷映連会長は年末に当り　管理委員会に対して左の如きメッセージを贈り　感謝の激励の意を表しました

昭和二十四年の六月　わが日本映画連合会が　映画の道徳的水準と自らの手によって維持するという大目標を高く掲げて映画倫理規程を制定し　その管理委員会を設置して　自主的に運営を開始致しましてから　こゝに早くも二ケ年半の日子を閲しました。永年の政府統制に束縛されて参りました映画業界が　新しい時代と共に他の文化各界にさきがけて　自らの倫理性を自らの手によって維持することを広く社会に宣言致しましたことは　洵にわが映画界の名誉と実力を賭した壮挙であったのであります。爾来関係者各位の献身的努力と　社会各方面の熱烈なる協力支持を得まして同委員会は堅実に所期の目的を遂行し来り　今日に於ては日本映画界の重要なる一機関としてその社会的地位を確立する所まで成長して参りましたが　この困難なる理想の萌芽をこゝまで育て上げて参ったことは実にわが映画界全体の誇りであります。過去二ケ年半　この大事業の衝に当って刻苦奮励を重ねられました管理委員会関係者各位の御努力と御熱意に対しましては　不肖日本映画連合会々長として洵に感激の外はありませぬ。勿論　この間に関係当局の熱心なる御指導と好意ある御援助が与って力あったことは申すまでもなく　その御支援に対しましては衷心より感謝の意を表する次第であります。

我々の背後には年間六億五十万に及ぶ映画大衆があります　この大衆の力こそ映画を支え　倫理規程の保持を全うする最大の力であります　我々は社会世論の声をうしろに擔い　より清らかにして　より楽しい映画を製作し　これを大衆の日々の心の糧として提供しなければなりません。それが映画の発展と声価を約束する唯一無上の道であります。

明年はいよいよ新しい日本が　新しい第一歩を世界歴史に印する年であります。わが映画界も一段と活気を呈し　倫理規程の運営にも事務輻輳を加えることと存じます　努力の年一九五一年を送り　躍進の年一九五二年を迎うるに当り　「映画倫理規程管理委員会」の健在と御勉励を祈る次第であります。

昭和二十六年十二月二十六日

日本映画連合会

会長　大谷　竹次郎

a—7

審査脚本一覧

会社名	題名	受付日	審査終了日	摘要
松竹	稲妻草紙	一一・二九	一二・三	
東宝	慶安秘帖 自主改訂版	一一・三〇	一二・三	改訂第二稿
大映	瞼の母	一二・三	一二・四	
東映	暁の弾痕	一二・三	一二・五	
松竹	若人の誓い	一二・三	一二・五	
新東宝	大空の誓い	一一・八		
〃	改訂版	一一・二四	一二・六	改訂第二稿
芸苑プロ	(仮題)情炎峡	一二・八	一二・一一	
新東宝 協和プロ	(仮題)夢去りぬ	一二・一〇	一二・一二	
大映	西陣の姉妹	一二・一〇	一二・一二	

大映	女王蜂	一二一〇	一二一二	
東宝	ラッキーさん	一二一一	一二一四	
新東宝	落花の舞	一二一二	一二一四	
新東宝 杉原プロ	大当りパチンコ娘	一二一二	一二一四	
東宝	風ふたたび	一二一三	一二一五	
大映	三萬両五十三次	一二一七	一二一九	
松竹	とんかつ大將	一二一九	一二二一	
東映	遊民街の夜襲	一二一八	一二二二	
東宝	霧笛	一二二〇	一二二二	
松竹	治郎吉格子	一二一九	一二二五	
東映	（仮題）母と子	一二二一	一二二五	
大映	呼子星	一二二四	一二二六	
大映	阿波の文七狸	一二・二六	一二二八	

大映	修羅城秘聞 変幻双龍の巻	一二、二七	一二、二八	
郷田プロ	元禄水滸伝	一一、一九		
〃	改訂版	一一、二八		改訂第二稿
〃	改訂版	一二、一三	一二、二八	改訂第三稿

◎ 新作品 …………………………… 二三

シナリオ数 …………………………… 二七（内改訂版四）

内訳　松竹　四　東宝　四（内改訂版一）

大映　七　新東宝　五（内改訂版一）

東映　三　芸苑プロ　一

郷田プロ　三（内改訂版二）

◎ 審査シノプシス …………………… ナシ

脚本審査概要

稲妻草紙	松竹

製作　小倉浩一郎
脚本　稲垣浩
　　　鈴木兵吾
監督　稲垣浩

乱暴な上意討を命ぜられた侍が　真の人間愛に触れて　その相手を救う物語

希望事項なし

慶安秘帖（自主改訂版）	東宝

(1) 三郎が酒井讃岐守を襲うシーンはテロ的な暴力行為につき（これが個人的な怨恨にもせ

よ　かつて封土を取り上げられ　一家断絶した一件が背景にあるため　描写は刺戟的でなくやって欲しい　演出上注意を望む（シーン18後半及びその追憶シーン36の後半　シーン37）（社会）（三ヶ所）

(2) 三郎が連判状に署名血判の描写は　武士的作法の讃美として描かれ易いより注意して演出して欲しい　（社会）

(3) シーン84　お梶と三郎のラブシーンのラスト　障子に消える灯でF・Oとする点演出に注意を乞う　（性）

(4) シーン110以后三ヶ所　三郎等の台詞に「武門の意地」等の言葉が出てくるが　これは相手の女を通して批判されてあるので　これはこのままとした

瞼の母	大映

原作　長谷川伸
脚本　松田昌一
監督　佐伯幸三

瞼の裏に浮ぶ別れた母の面影を慕う流れものの忠太郎がめぐり合った母と妹の危機を

ニ—12

救う物語

料理人の一人が刺青をしていることになつているのは誇示的でなく　演出上注意のこと（社会）

やくざ者の生態が全篇をぬつて母子の情の間に出てくるが　このやくざ者達（主人物　番場の忠太郎と半次をのぞいた外）は　より批判的な印象を与えるため　たとえば　はんぱな人間にするとか　或いは　より悪役にするとか　ともかくそういう演出上の配慮を得たいものと思う

要はやくざ者の生態を描くのではなく　この映画は親子の情を主題とするものとみなしうる故　その点を十分考慮されたいと思う　（社会）

曉の彈痕	東映

企画　金平軍之助
脚本　小森静男
監督

巧妙な偽装証拠で殺人犯人に仕立てられた男をめぐって真相暴露の経過を描くスリラア物

(1)　シーン52
年江が手錠の相鍵を作る為に蝋型をとる件は　犯罪の手口を暗示する恐れがあるので
演出上注意されたい　（法律）

(2)　シーン88
密輸品の薬のアンプルは慣例通り明示せぬように望む　（法律）

(3)　シーン36
検事局は検察庁の誤りにつき訂正　（法律）

(4)　警察関係の事は　誤まりなしと考えるが　尚調査の上正確を期せられたい

＊　＊　＊　＊　＊

若人の誓い
松竹

製作　小出孝
脚本　沢村勉
監督　岩間鶴夫

異母姉妹の対立に拳斗試合の昂奮を絡ませた恋愛メロドラマ

希望事項なし

大空の誓い
新東宝

製作　高木次郎
脚本　菊島隆三
〃　宮田輝明
監督　阿部豊

現代日本の社会相を背景に戦場に結ばれた日米飛行士の友情を描く

(1) 太平洋戦争の戦争場面（空中戦）を取り扱った最初の作品であるが　国際感情　軍国

主義　敵愾心の挑起等の点を考慮して　演出上慎重に注意されたい　（シーン10〜14）
（国家）

(2) 同様の理由で「敵」（シーン9）「俘虜」　「俘虜収容所」（シーン21）等の言葉は避けて戴きたい　（国家）（三ケ所）

(3) シーン18　ジェームスの台詞の中　「グラマンにお前が乗ったら　俺が墜されていたかも知れないぜ」は勝敗が兵器の差のみで決したかの感を与えるので削除されたい
（国家）

(4) シーン36　ストリップは止めて戴く（風俗）

(5) 西田の主宰する新聞の扱いは　「悪徳新聞」にならぬよう　脚本も訂正され　演出も注意して戴きたい　（社会）

(6) 米人が多数登場するが　風俗習慣に留意され　且つ全般に亘り　国際感情を充分尊重されたい。（国家）

尚この作品は自主改訂稿によってディスカッションを行った。

2—16

仮題 情炎峡

芸苑プロ

製作　石田達郎
原作　秩父重剛
作詞
脚本　小国英雄
監督　小田基義

若き天才浪曲師をめぐる恋と芸道のメロドラマ

(1) シーン23 桂月が光江を手ごめにしようとする個所は 醜悪 野卑にならぬよう演出注意されたい （性）

(2) 篇中の浪花節の内容は映画倫理規程の線に沿ったものにして戴きたい

夢去りぬ

新東宝
協和プロ

製作　山名義郎
脚本　松浦健郎
監督　小田基義

暗い過去を持つために幸福な生活を憧れる夢も空しく破れて行く男の悲劇

キャバレーのフロアショウは ストリップショウの如き舞踊を出さぬよう演出に注意されれ

たい旨希望した　（風俗）

西陣の姉妹　大映

製作
脚本　新藤兼人
監督・吉村公三郎

潰滅する西陣織物業とそれをめぐる人々の物慾と愛情の葛藤を描く

(1) シーン41　料亭で高村が染香を「バカ野郎」といきなりひっぱたくとあるが　ひっぱたくのはやめられたい　（社会）

(2) シーン51　高村の台詞の中「忠義」と云う語は止められたい　（社会・教育）

(3) シーン66　初江の台詞の中「パン助やってますねん」も改訂　（法律・性）

女王蜂　大映

原作　横溝正史
脚本　倉谷勇
監督　田中重雄

伝説の孤島に起る怪事件を描く探偵物

希望事項なし

ラッキーさん	東宝

製作　藤本真澄
原作　源氏鶏太
脚本　猪俣勝人
監督　市川崑

出世と平凡な幸福の二筋道に立って若手社員の体験する青春の哀歓を描く

(1) シーン34　花売娘が出て来るが　法律上の点を注意して演出して貰いたいと希望した
（法律）

落花の舞	新東宝

製作　岸川誠輔
原作　前田曙山
脚本　友田昌二郎
監督　渡辺邦男

6—3

幕末期の政争に絡む密使の往来を扱った時代活劇

(1) 風呂場内部の描写（シーン44及びシーン47）は風俗上演出注意を願いたい。（風俗）

(2) 磯江と云う女をほめて〃さ楠〃と呼んでいるが（シーン95〜111）これは他の呼称に代えられゝば幸いである（社会 教育）
楠正成から来た名であろうと考えらるる故である

(3) 「売りとばす前に（磯江をさしている）とうてえみんなで念仏講をつとめさしてもらったや！」とある台詞（シーン106）輪姦を意味するので止めてほしい たとえ冗談にもせよ穏当ではない（性）

(4) 新少将がねむっている枕もとで磯江が帯をとき（シーン112）やがて燃えるような長襦袢姿となり 枕もとに立膝する（シーン114）とあるのは 寝室であり かつ慕情切なるさてある丈に煽情的なおそれあり 衣服はぬがないで欲しい（性）

(5) 密書を磯江がふところに隠していて 少将にその手をもって知らせる件は演出上注意をして欲しい（風俗）

＊ ＊ ＊ ＊

大当りパチンコ娘	新東宝 杉原プロ

製作 杉原貞雄
脚本 大草史郎
監督 斉藤寅次郎

流行のパチンコに取材した諷刺人情劇

(1) シーン22にある歌詞の大意の中「戦争・原子爆弾」は歌詞に作り込まぬよう希望
（国家）

(2) シーン33「あの人は区会議員で教育委員を兼ねている勢力家……」は事実に反するので訂正希望（法律）

風ふたたび	東宝

原作 永井龍男
脚本 植草圭之助
監督 豊田四郎

一たび結婚に失敗した女性が 新しい真実の幸福を求めて行く姿を描く

希望事項なし

三萬両五十三次	大映

原作　野村胡堂
脚本
監督　木村恵吾

飄々たる風俗に大器を包む奇傑が黄金輸送の大役を首尾よく果す物語

(1) シーン36　山際が小百合に暴力を加えるシーンは過度にならぬよう演出上注意を希望した（社会・性）

6—6

とんかつ大将	松竹

製作　山口松三郎
原作　富田常雄
脚本
監督　川島雄三

清貧を愛して陋巷に住む若き医師をめぐる恋愛と人情のメロドラマ

(1) シーン48 109 丹羽が多美の頬を打つところは残酷な感じにならぬよう演出の注意を希望した （残酷）

(2) シーン31の周二の台詞に「おとしまえ云々」とあるが 「おとしまえ」は隠語につき他の言葉に変更を希望した （教育）

遊民街の夜襲
東映

企画 大森康正
原作 脚本 比佐芳武
監督 松田定次

犯罪捜査中に拳銃を盗まれて免職となつた刑事がやくざの世界に在つて遂に真犯人を発見する探偵活劇

(1) やくざの隠語が全篇にわたつて 可成多く台詞の中に出てくるが ある程度はやくざの性格の表現として容認するにしても出来るだけ避けることにして貰いたい （教育）
殊に"おとしまえ" "かつあげ"などの種類のものは困ると思う

(2) 香川マリと云う花売娘は六才となっているが 法律上の点で支障のないよう脚本に加筆して欲しい （法律）

(3) （シーン95）（シーン121）の麻酔薬は麻酔薬でないことにして貰いたい（表面上） （法律）

(4) （シーン95）武宮がピシリとお雪の頬を打つところ お雪は病人でもあり 残酷な感じにならぬ様十分なる演出上の注意を望みたい （残酷）

霧笛	東宝

原作 大佛次郎
製作 田中友幸
脚本 八住利雄
監督 谷口千吉

明治初年の横浜居留地を舞台に愛人の手に一筋の光明を見出そうとする宿命の女の恋を描く

(イ) この脚本では外国人であるギムが悪人である関係上 国民感情の刺戟を避けるために以下の点につき改訂を希望した

1. 毛唐と云う言葉は異人或いは外人と云う位の言葉にして貰うこと　（国家）

2. ギムは独逸人と云うことになっているが　これは国籍不明瞭の外人と云うことにして
裁く　（国家）

3. ギムは悪人であるが　外人は悉く悪いように感じられる危険もあろうから　悪人はギム
個人であることを脚本の上で補足して貰うこと　（国家）

(ロ)

以下の台詞は現代の日本と結びつけて考えると　やはり国民感情を刺戟すると感じら
れるので改訂或いは削除を希望した

1. （シーン9）ボリスB「ヨカタイ　ヨカタイ　毛唐ちう奴はかかあらん方が無事じや
生麦事件以来なあ」　（国家）

2. （シーン29）兼光「御一新の合言葉は尊王攘夷だったが　近頃は何んでも舶来舶来で
なぎや夜も日もあけやしねえ　もうじき日本なんて国の名はなくなっちまわァ」（国家）

3. （シーン36）ラシヤメンと云う言葉　（国家）

4. （シーン103）爺や「やめろってば　異人さんのことを口に出しちや、けねえ　結局ど
うにもならねえんだ」　（国家）

(ハ)

なお演出上の注意を希望したのは次の諸点である

1.（シーン77及びシーン79）舟小屋で千代吉とお花が結ばれるシーンは風俗上の点で出来るだけ刺戟を避けること　（風俗）

2.（シーン81）兼光の死体の取扱いは過度に残酷に感じさせないこと　（残酷）

3. 南京街の豚常は辮髪などにしないこと　（国家）

4.（シーン112）船底の石炭置場に於けるギムの殺人は出来る限り残酷な感じを避けること（残酷）

治郎吉格子	松竹

製作　小倉浩一郎
原作　吉川英治
脚本
監督　伊藤大輔

法網に追われる鼠小僧と二人の女をめぐる恋と人情の物語

言うまでもなく盗賊を主人公とするものであるから　義賊的な行動　その肯定讃美等にならないように注意してほしい（法律）（その心配があるのでシーン92の最後の二行の描写と台詞――みえをきる鼠小僧の　このところは訂正してほしい）

鼠小僧をめぐる二人の女の一人　お仙をめぐって人身売買　売春をおもわす台詞があるのを訂正してほしい　シーン23以后にそれがみえている　同様シーン46のお仙の台詞P37の二行目の〈身体をうる〉なども　そうである　（法律・性）（二ヶ所）

なおこの映画は　宣伝などに関して　とくに義賊讃美の言葉のないように注意してほしい

仮題	
母と子	東映

製作　マキノ光雄
脚本　八住利雄
監督　佐伯　清

6－11

戦時中に犯した罪に潔く服する子とその母の深い愛情を描く

(1) 中国関係の描写が可成りあるので　正式に中国代表部の了解を得られたい

(2) シーン49及び51は出来る限り簡略な描写にとどめ　惨虐にならぬよう演出注意されたい
尚シーン51の「木にぶらさげられた死体」は止められたい　（残酷）（二ヶ所）

(3) 戦争犯罪の扱いは　主一の云う（シーン52で）「僕たちのした事は全世界の良心と理性の前で裁かれねばならないことです」と云う考えを強調されて母親へ観客の必要以上の

同情が向けられぬよう注意されたい。（国家・法律）

(4) この母と子の悲劇は「日本軍閥の犠牲であることを」全篇に亘って強調されたい。その意味で例えばシーン54で「あなたから息子さんを奪って行ったのは結局戦争なんです。……」等の如き台詞は再考されたい（国家）

呼子星	大映

脚本　笠原良三
浪曲構成作詞　荻原四朗
監督　吉村廉

戦争の手に引離された母子の愛情と再会の喜びを描く浪曲映画

希望事項なし

阿波の文七狸	大映

脚本　八尋不二
監督　森一生

R—12

舞台を狸の国と魚族の国の確執にかけて平和の喜びを謳う諷刺喜劇

希望事項なし

但しこのなかに　落下傘部隊降下のニュース映画使用　とある件は　相互の談合によつてとりやめることになつた

修羅城秘聞 変幻双龍の巻	大映

原作　山手樹一郎

脚本　衣笠貞之助

監督　衣笠貞之助

悪臣に迫害される若君のためにその双生児の兄弟の浪人者が救援に蹶起する時代活劇

立廻りが数回あるが　これは残酷　或いは冗漫にならぬように演出注意されたい

（残酷・社会）

元禄水滸伝

郷田プロ

製作　郷田　悳
脚本
監督　郷田　悳
監督　犬塚　稔

所謂赤穂浪士の討入事件に裏切者と呼ばれた小山田　毛利らの人間的苦悩と新生の喜びを描く

この作品は　所謂「忠臣蔵」を側面から描き　新解釈を施そうとするものである
元来「忠臣蔵」物が不可とされ　禁止映画として扱われている主たる理由は　封建的な武士道精神の権化たる「仇討」が美化され　正当化されている為である　この観点から検討すると　オ一稿は「仇討」が美化されないまでも　正当化されている点では　在来の物と殆んど変らず　従ってディスカスションの対照たり得ない程のものなので大改訂を求めた次オである　これによりオ二稿が提出された　これには随所に加筆訂正が施されたが　まだまだ不充分なものであった　具体的に云うと主人公たる毛利や小山田の苦悩も単に同志への不満　武士への懐疑のみで仇討への批判にまで高められてはいない　彼等が「仇討」を正当なものと考えていることは　数々の描写をみれば明らかである　要するにオ二稿も世話物風の描写で出発してはいるが　中程に到って大石以下の姿が前面に押し出され　討

入りを経て寺阪の遥泉院への本懐成就の報告で最高潮に達している　以下によって更に思い切った改訂を望み　その結果第三稿が提出された　これでは可成りの修正が行われ（大石の扱いの如き　その主たる一つであるが）たが　まだ以下の点に就いて希望事項を述べねばならなかった

(1) 最大の難点は　シーン73・79の寺阪が遥泉院へ報告に来る件である　これでは在来の物と殆ど差異はないので　根本的な改訂を望みたい　要するに報告する点を極度に簡略にして　その為で遥泉院が仇討に疑いを持つと云う風に運び　しかもそれを強調されたい（社会）

(2) 所謂「忠臣蔵」的雰囲気を醸成する恐れのある台詞　場面は出来る限り止めて欲しく（社会）（十ヶ所）　例えば

(イ) シーン5　寺阪「……思いは一つて御座居ます」　安兵エ「……同志と共に討入りたい」

(ロ) シーン26　近松「……命にかけて……」

(ハ) シーン41　大石「……さてこの上は明十五日」　以下削除

(ニ) シーン45　全部削除か　大石の「御一同御同慶に……」を改訂

(ホ) シーン47　大石「されば先ず……」　以下改訂

(ヘ) シーン57　(C)　毛利「……そんな事はさせられぬ……」

(ト) シーン70　終りの沢右エ門と寺阪の応答は削除

(チ) シーン81　瓦版の文句「処は……」　以下削除

(リ) シーン83　吾八とお亀　改訂

8—5

(3) 演出上左の点を希望した
全体に小山田 毛利の姿を前面に出し 討入りに関するものは出来る限り背景にする （社会）
大石の苦悩も強調し 結末は小山田とお初の新生の喜びに焦点を合わす
細かい点では シーン22・23の岩吉たちがおせんを折檻する場面 （残略）
シーン30の連判状 シーン81の瓦版の連名は明示せぬこと （社会）
以上によって 更に第四稿が提出された これでは「忠臣蔵」的なものは殆んど修正され
たのであるが 肝要なシーン73・77の寺阪と遥泉院の件は 当方の希望した程の訂正が行
われなかった それで具体的に個々の台詞の取捨 改訂を望まねばならなかった（社会）（三所）
例えば 侍女小百合の注進を簡潔にする 四十七人 四十六人に関する問答を削除する
寺阪が感歎しての台詞も削除する 要するに第三稿で申し述べたと同様であるが 報告ま
でを簡単にして「忠臣蔵」的雰囲気を絶対に避けて頂く そして後段の遥泉院の詫びる
台詞を より拡大強調して芝居の重点をこの後段に置き換えること その他二三まだ「
忠臣蔵」的な残滓があるので その削除改訂を望んだ（社会）
例えば 安兵エの台詞「……その心は天晴れだが……」の如きがそれである
以上によって近日中に決定的な撮影台本が提出される予定である

審査集計

規程條項	関係脚本題名及希望個所数		集計
1 国家及社会	「慶安秘帖」（自主改訂版）	4	46
	「瞼の母」	2	
	「大空の誓い」	7	
	「西陣の姉妹」	2	
	「落花の舞」	1	
	「大当りパチンコ娘」	1	
	「三万両五十三次」	1	
	「霧笛」	8	
	「母と子」	2	
	「修羅城秘聞」（第一部）	1	

c—1

		「元禄水滸伝」	17	
2	法律	「銃の弾痕」	3	12
		「西陣の姉妹」	1	
		「ラッキーさん」	1	
		「大当りパチンコ娘」	1	
		「遊民街の夜襲」	2	
		「治郎吉格子」	3	
		「母と子」	1	
3	宗教	ナシ		
4	教育	「西陣の姉妹」	1	4
		「落花の舞」	1	
		「とんかつ大将」	1	

c—2

		「遊民街の夜襲」	1
5	風俗	「大空の誓い」	1
		「夢去りぬ」	1
		「落花の舞」	2
		「霧笛」	1
			5
6	性	「慶安秘帖（自主改訂版）」	1
		「情炎峡」	1
		「西陣の姉妹」	1
		「落花の舞」	2
		「三万両五十三次」	1
		「治郎吉格子」	2
			8
		「とんかつ大将」	1
		「遊民街の夜襲」	1

c—?

7	残酷醜汚	
	「霧笛」	2
	「母と子」	2
	「修羅城秘聞」（第一部）	1
	「元禄水滸伝」	1

希望事項数……八三

c—4

審査映画一覧

審査番号	題名	会社名	巻数	呎数	製作	企画	原作	脚本	監督	主演
五六〇	母化粧	松竹	八	七、一〇八	山口松三郎		竹田敏彦	池田忠雄・長瀬喜伴	佐々木啓祐	水谷八重子・高橋貞二
五四五	薩摩飛脚	松竹	十	八、五五〇	杉山茂樹		大佛次郎	柳川真一	内出好吉	嵐寛寿郎・山田五十鈴
五七一	夢と知りせば	松竹	九	七、七八二	山口松三郎		富田常雄	馬場当	中村登	木暮実千代・佐野周二
五八六	唄くらべ 青春三銃士	松竹	八	六、九七三	石田清吉			八住利雄	斎藤寅次郎	鶴田浩二・川田晴久
五七五	旗本退屈男 江戸城罷り通る	松竹	十	八、四八三	杉山茂樹		佐々木味津三	鈴木兵吾・永江勇	大曽根辰夫	市川右太衛門・宮城千賀子
五八七	陽気な渡り鳥	松竹	九	七、四四二	小出孝			伏見晁	佐々木康	美空ひばり・淡島千景

C—5

五八一	この母初恋あり	松竹	十	八〇一七	小[illegible]			山内久 高橋治	瑞穂春海	若原雅夫 高峰三枝子
五九一	稲妻草紙	松竹	十一	八八四九	小倉浩一郎			小国英雄	稲垣浩	阪東妻三郎 木暮実千代
五七九	女ごころ誰か知る	東宝	九	七一六六	本木荘二郎		北條誠	八住利雄 山本嘉次郎	山本嘉次郎	高峰三枝子 池部良
五七七	結婚行進曲	東宝	九	七四三〇	藤本真澄			井手俊郎 市川崑	市川崑	上原謙 山根寿子
五六七	荒木又右衛門 決斗鍵屋の辻	東宝	十	七三三四	本木荘二郎			黒沢明	森一生	三船敏郎 志村喬
五八〇	慶安秘帖	東宝	十一	九五七三	藤本真澄			岡田五郎	千葉泰樹	大谷友右衛門 島崎雪子
五三六	馬喰一代	大映	十三	一〇五〇〇				成沢昌茂	木村恵吾	三船敏郎 京マチ子
五五九	十六夜街道	大映	十	七九〇四			川口松太郎	新藤兼人	安田公義	大河内伝次郎 乙羽信子
五四九	母子鶴	大映	十	八〇一〇				八住利雄	吉村廉	三益愛子 松島トモ子

五七〇	恋文道中 銭形平次捕物控	大映	十	七、九六八		清川峰輔	野村胡堂	冬島泰三	冬島泰三	長谷川一夫 三浦光子
五八四	浅草紅団	大映	十	七、九五八				成沢昌茂	久松静児	京マチ子 乙羽信子
五九七	瞼の母	大映	九	七、四三八			長谷川伸	松田昌一	佐伯幸三	三益愛子 堀雄二
五三二	女豹の地図	新東宝 聯合映画	九	七、八四六	青柳信夫 東條瞭		田村泰次郎	八田尚之	田中重雄	若原雅夫 久慈あさみ
五五五	暁の急襲	新東宝 電通	九	七、八三七	水島一郎 大枝敬三			館岡謙之助 井手雅人	春原政久	水島道太郎 澤田恭子
五八八	殴られた石松	新東宝	八	七、一九二	野坂和馬 安川実太郎		長谷川伸	木下藤吉	渡辺邦男	片岡千恵蔵 花柳小菊
五九二	唐手三四郎	新東宝	七	六、四八九	津田勝二		石野径一郎	飯島憲一郎 瀬名貞雄	並木鏡太郎	岡田英次 浜田百合子
五九〇	恋の蘭《らん》燈《たん》	新東宝	九	七、二〇七	佐藤一郎			八田尚之	佐伯清	池部良 白光
五八三	右門捕物帖 緋鹿の子異変	新東宝 綜芸プロ	九	七、六六六	竹中美弘		佐々木味津三	加賀夫 長島富三郎	中川信夫	嵐寛寿郎 山根寿子

五八二	快傑鉄假面	東映	八	七八一〇		藤川公成	[illegible]春雄	[illegible]鉄也	渡辺邦男	黒川弥太郎 宮城千賀子
五六八	江戸恋双六	東映	九	七六四七		柳川武夫	山手樹一郎	大塚稔	萩原遼	市川右太衛門 関千恵子
五七三	拳銃地獄	東映	八	六七〇九		岡田寿之	三好十郎	高岩肇	野村浩将	二本柳寛 轟夕起子
五七四	新選組 京洛風雲の巻	東映	八	七八〇〇	マキノ光雄	坪井与 柳川武夫	村上元三	柳川真一 岩尾徳平	萩原遼	片岡千恵蔵 花柳小菊
六〇九	遊民街の夜襲	東映	十一	九五一五	マキノ光雄	大森康正		比佐芳武	松田定次	片岡千恵蔵 花柳小菊

五六〇―T	松竹製作ニュース 第六九号	松竹			田化粧
五四五―T	〃 第七〇号	松竹			薩摩飛脚
五七一―T	〃 第七一号	松竹			一九五二年 新春の饗宴（夢と知りせば 他四本）
五九一―T	〃 第七二号	松竹			稲妻草紙

五七一—T—三	〃 第七三号	松竹		夢と知りせば（第二報）
五五八—T	東宝スクリーン・ニュース No.17	東宝		極楽六花撰
五七九—T	〃 No.18	東宝		女ごころ誰か知る
五七七—T	〃 No.19	東宝		結婚行進曲
五六七—T	〃 No.20	東宝		荒木又右衛門 決斗鍵屋の辻
五八〇—T	〃 No.21	東宝		慶安秘帖
五五九—T	大映ニュース 第一七二号	大映		十六夜街道
五四九—T	〃 第一七三号	大映		母子鶴
五七〇—T	〃 第一七四号	大映		恋文道中 銭形平次捕物控 他四本
五八四—T	〃 第一七五号	大映		浅草紅団
五九七—T	〃 第一七六号	大映		瞼の母
五九五—T	〃 第一七七号	大映		群狼の街
五五五—T	暁の急襲	新東宝 電通		

五八八一T	呪われし石松	新東宝			
五九〇一T	恋の蘭《らん》燈《たん》	新東宝			
五八三一T	右門捕物帖 緋鹿の子異変	新東宝 綜芸プロ			
五九二一T	若手三四郎	新東宝			
五七八一T	大空の誓い	新東宝			
五八二一T	快傑鉄仮面	東映			
五六八一T	江戸恋双六	東映			
五七二一T	拳銃地獄	東映			
五七四一T	新選組 京洛風雲の巻	東映			
六〇九一T	遊民街の夜襲	東映			

E一二七六	夏から秋へ	松竹	三	一九三七	天然色観光映画
E一三一八	平和の鐘 第六回国民体育大会	読売映画社	三	二二〇七	広島県体育事務局企画

C―10

E-一三三七	緑化薫る	日映	一	五三三	広島市東洋工業御巡幸記録
E-一二三八	熱海	読売映画社	一	九六〇	熱海市企画
E-一三四一	世界に躍く ヤンマージーゼル	日映	二	一四七〇	山岡内燃機株式会社 企画
E-一三四二	ある日の法廷	日映学芸映画製作所	二	一六五〇	最高裁判所事務総局 企画
E-一三四三	湖国巡幸	日映	三	二四八五	滋賀県府中記録
E-一三四四	天皇さまと農耕する人々	日映	一	五四三	高北農機株式会社
E-一三四五	大和路にお迎えして 奈良県巡幸記録	日映	三	二三六七	奈良県 企画
E-一三四六	発祥の地に集う 全国競輪祭	日映	一	九八九	小倉市 企画
E-一三四七	伸びゆく鋼材工業	日映	一	二八三	北日本鋼機株式会社 企画
E-一三四八	女剣劇の生態	秀映社	三		
E-一三二九	憩しの山	山映プロ	二	八〇〇	一六ミリ
E-一三五四	伸びゆく都市 新しい立川	立川市国際映画製作委員会	一	九九〇	立川市 企画
E-一三二二	春のオリンピアード	松竹	一	九六八	新春挨拶映画

E－三六〇	[illegible]シーズン来る	理研	一 五〇	東京スプートリックの宣伝
E－三六六	防潮堤	嵯峨映画（株）	一 二六〇	兵庫県尼ヶ崎市 企画
S－一八一	復興する東京 一九四五～一九五一	東京映画技術研究所	三 二七〇〇	東京都映画協会 企画

P－一八五	ムービー・タイムズ 第一八五号	プレミア		
P－一八六	〃 第一八六号	プレミア		
P－一八七	〃 第一八七号	プレミア		
P－一八八	〃 第一八八号	プレミア		
P－一八九	〃 第一八九号	プレミア		

S－一八〇	折り鶴七変化	東宝	十三 一〇、一六九	製作 竹井諒 原作 角田喜久雄 脚本 大和田九三 監督 石田民三 製作 昭和十六年 CCD番号 A二四八

S－八一

小判鮫總集篇
愛憎七変化

東宝

十一

九八四九

製作　清川峰輔
脚本　衣笠貞之助
　　　八住利雄
監督　衣笠貞之助

製作　昭和二十三年
CCD番号　(前)一〇、〇七三
　　　　　(後)一〇、一一二

6—2

映画審査概要

○十六夜街道　大映

立廻り過剰につき一部削除希望し実行された（十二呎）

○現の忠義　新東宝
電通

過度のリンチの描写を削除希望し実行された

○江戸恋双六　東映

立廻りのシーン過度につき一部削除を希望し実行された．

○遊民街の夜襲　東映

ピストルを撃ち合うシーン　いさゝか過度につき適当の改訂を希望し　実行された．

○ 熱 海　　　読売映画社

温泉のシーン　風俗上の点につき三ヶ所削除希望し実行された（二呎）

○ 女剣劇の生態（女《おんな》剣劇の花道の改題）　　秀映社

風俗上の点につき左記の個所削除を希望し実行された

(1) 第一巻　浅草風景中ロック座前のストリップ看板（九呎）

(2) 第三巻　浅香光代舞台立廻り中（三呎）

○ 折り鶴七変化（新版）　　東 宝

王政復古　或いは勤王等の言葉を無批判に使用した個所を削除希望し実行された。

宣伝広告審査概要

スチール

○女剣劇の生態　　秀映社（配給東宝）

半裸の女が太腿をはだけ大の字なりになり，四人の捕手がそれを召取ろうとしているスチール（番号なし）は　風俗上挑発的印象を与えるので　使用中止方を希望し　実行された。

宣伝文案

○暁の急襲　　新東宝

本映画の宣伝文案中　「人肉の取引場を赤裸々に解剖する!!」　及び「キャバレーの地下

－16

室に麻薬密輸団！」の内「人肉の取引場」「麻薬密輸団」の字句は映画の内容と相違し且つ映画倫理規程の法律及び性の項目に該当すると思われるので　使用中止方を希望し実行された。

C—17

各社封切一覧

松竹

封切日	審査番号	題名	製作会社	備考
十二月十四日	五六〇	母化粧	松竹	
十二月二十一日	五四五	薩摩飛脚	松竹	
十二月二十八日	五八七	陽気な渡り鳥	松竹	
十二月三十日	五九一	稲妻草紙	松竹	

東宝

封切日	審査番号	題名	製作会社	備考
十二月七日	五二八	赤道祭	東宝	
十二月十四日	五五八	極楽六花撰	東宝	
十二月二十一日	五七九	女ごころ誰か知る	東宝	
十二月二十八日	五七七	結婚行進曲	東宝	

大映

十二月七日	五三六	馬喰一代	大映	
十二月十四日	五五九	十六夜街道	大映	
十二月二十一日	五四九	母子船	大映	
十二月二十八日	五七〇	恋文道中 銭形平次捕物控	大映	

新東宝

十二月七日	五三二	女豹の地図	新東宝 綜合映画	
十二月十四日	五五五	暁の急襲	新東宝 電通	
十二月二十一日	五八八	殴られた石松	新東宝	
十二月二十八日	五九〇	恋の蘭《らん》燈《たん》	新東宝	
十二月二十八日	五九二	唐手三四郎	新東宝	

東映

十二月七日	五二八	赤道祭	東宝	

c—19

十二月十四日	五八二	快傑鉄仮面	東映	
十二月二十一日	五七三	拳銃地獄	東映	
十二月二十八日	五六八	江戸恋双六	東映	

c—20

審査記録索引

25号〜29号

○松竹

題名	号	頁	改訂版 号	改訂版 頁	映画 号	映画 頁	宣伝 号	宣伝 頁
母を慕いて	25	a-19						
天使も夢を見る	25	b-4						
南風	25	b-4						
わが海は碧なりき	25	b-8						
海の花火	26	a-10						
あわれ人妻	26	b-9						
飛び出した若丹那	26	b-9						
夢多き頃	27	b-2			28	c-18		
鞍馬の火祭	27	b-8						

題名	号	頁	改訂版 号	改訂版 頁	映画 号	映画 頁	宣伝 号	宣伝 頁
伝七捕物帖 一番手柄	27	b-10						
薩摩飛脚	27	b-12						
あの丘越えて	28	a-11						
夏	28	a-12						
命美わし	28	b-2						
母化粧	28	b-7						
適齢三人娘	28	b-10						
夢と知りせば	28	b-13						
此の春初恋あり	29	b-4						
旗本退屈男 江戸城罷り通る	29	b-5						

題名	号・頁	改訂版 号・頁	映画 号・頁	宣伝 号・頁
喉くらべ青春三銃士	29 b-7			
陽気な渡り鳥	29 b-8			
本日休診	29 b-11			

○東宝

題名	号・頁	改訂版 号・頁	映画 号・頁	宣伝 号・頁
武蔵野夫人	25 a-6	25 a-11	27 c-10	27 c-12
大雪渓	25 b-1			
ホープさん	26 b-2			
完結佐々木小次郎 巌流島決斗	26 b-6			
哀愁の夜	26 b-13		28 c-12	
赤道祭	27 a-6			
めし	27 b-7			
極楽六花撰	28 b-5			
荒木又右ヱ門 決斗鍵屋の辻	28 b-9			
結婚行進曲	29 b-2			
女ごころ誰か知る	29 b-2			

c—22

○大映

題名	号	頁	改訂版 号	改訂版 頁	映画 号	映画 頁	宣伝 号	宣伝 頁
慶安秘帖	29	b-3						
青春会議	29	b-12						
折鶴笠	25	a-5						
新しい道	25	a-13	25	a-16	26	c-10	26	c-17
北犬	25	a-26	25	a-27	26	c-10		
炎の肌	25	b-5						
東京悲歌	26	a-8						
文次郎長ワクワク道中	26	a-8						
ひばりの子守唄	26	b-11						
逢魔が辻の決斗	26	b-3					27	c-12
愛染橋	26	b-12						
馬喰一代	27	a-18						
母人形	27	a-18						

c—23

題名	号・頁	改訂版 号・頁	決定版 号・頁	宣伝 号・頁
飛騨の三四郎	27 a-1			
母子船	28 a-[illegible]			
悲恋椿	28 b-4			
稲妻街道	28 b-6			29 c-15
のど自慢三羽烏	28 b-7			
あはれ熨斗《のし》	28 b-8			
雪崩	29 a-9			
銭形平次捕物控 恋文道中	29 a-9			
月から来た男	29 a-13		29 c-12	
浅草紅団	29 b-6			
群狼の街	29 b-13			29 c-16

○新東宝

題名	号・頁	改訂版 号・頁	改画 号・頁	宣伝 号・頁
右門捕物帖 帯とけ佛法	[illegible] a-24		26 c-11	
月よりの母	25 a-20			
ブンガワンソロ	25 b-2			
真夏の夜の夢	25 b-9			
東京河童まつり	26 b-3			
エノケンの怪盗伝 石川五右ヱ門	26 b-5		27 c-10	
十六文からす堂 千人悲願	26 b-7			
女・豹の地図	27 a-13			
平手造酒	27 a-15			
母は嘆かず	27 a-16			
高原の駅よさようなら	27 a-19			

c—24

○東映

題名	号・頁	改訂版 号・頁	映画宣伝 号・頁	号・頁
この果てに君ある如く	27 b-11			
さすらいの旅路	28 a-14			27 c-15
暁の急襲	28 b-3			
剣難女難 第一部	28 b-8			
〃 第二部	28 a-8		29 a-12	
右門捕物帖 雛魔の子異変	29 b-5			
殴られた石松	29 b-8			
恋の蘭燈	29 b-9			
唐手三四郎	29 a-9			
西鶴一代女	27 b-12			
銀次郎旅日記	25 a-5			
天狗の安	25 a-21		26 c-11	
わが一高時代の犯罪	25 b-7	26 a-12		
旗本退屈男 唐人街の鬼	26 a-9		27 c-11	
峠ひとれ八萬騎	26 b-10		28 c-12	
この旗に誓う	27 a-7	27 a-9		
流賊黒馬隊 第一部暁の[illegible]	27 a-13			
真説 石川五右衛門	27 b-3	28 b-12	29 c-13	
風雪二十年	28 a-5		29 c-13	
八つ墓村	28 b-1		29 c-13	28 c-14
江戸恋双六	28 b-10			

c—25

題名	号・頁	改訂版 号・頁	映画 号・頁	宣伝 号・頁
拳銃地獄	29 a-10			
新選組 第一部 京洛風雲の巻	29 a-1			
怪猫鉄仮面	29 b-4			

○其の他

題名	号・頁	改訂版 号・頁	映画 号・頁	宣伝 号・頁
三太物語（東興映画）	25 b-1		27 c-11	
三太腕白物語（モーションタイムズ）	25 b-5			
東京アベック地図（日本芸術映画社）	25 b-6			
ゲイシャ・ガール（米日映画）	26 b-1			
高原の悲歌（ニューカレントプロ）	26 b-12			
陰獣を逃る七人の女（大京映画）	27 a-11		29 c-14	
紅涙草（新映）	27 b-9			
山びこ学校（八木保太郎プロ）	28 a-13			
失うべからず（新映）	28 b-1			
わかれ雲（スタジオエイトプロ）	28 b-6			
箱根風雲録（新星映画）		28 b-6		

c—26

母なれば女なれば（キヌタプロ）	29 a-11			
南国の肌（東宝教育）	29 a-13			
新しき日本 佐賀篇（毎日新聞社）			26 c-16	
肉体の幻想（東芸映画プロ）			28 c-12	
秋の踊り 星の素肌（松竹）			28 c-13	
愉快なスケッチブック（セーションタイムズ）			29 c-14	
旅鴉お妻やくざ（日活）			28 c-13	
江戸の龍虎（日活）			29 c-17	

c—27

映画倫理規程審査記録 第三十号

昭和二十七年一月五日発行

発行責任者 池田義信

東京都中央区築地三ノ六

日本映画連合会

映画倫理規程管理部

電話築地(55) 二八〇二番
〇六九六番

映画倫理規程審査記録

第31号

※収録した資料は国立国会図書館の許諾を得て、マイクロデータから復刻したものである。
資料の汚損・破損・文字の掠れ・誤字等は原本通りである。

31

映画倫理規程

審査記録

27.1.1～27.1.31

国立
27.

日本映画連合会
映画倫理規程管理委員会

〔目　次〕

1　管理部からのお知らせ……a〜1

2　審査脚本一覧……a〜7

3　脚本審査概要……t〜1

4　審　査　集　計……d〜1

5　審査映画一覧……d〜3

6　映画審査概要……d〜7

7　宣伝広告審査概要……d〜8

8　各社封切一覧……a〜9

管理部からのお知らせ

○いよいよ講和自立の年の新春を迎え　映画倫理規程管理委員会も第四年度の業務に入ります。

改めて今日迄の御支援を感謝し　本年もよろしく御協力下さいますようお願い致します。

昭和廿七年度の管理委員が次の通り決定致し　日本映画連合会長から正式に委嘱されました。

昭和二十七年度

映画倫理規程管理委員會名簿

○管理委員

委員長　渡邊銕蔵

副委員長　池田義信　日本映画連合会事務局長

委員　細谷辰雄　松竹映画製作本部事務局長

委員　堀江史朗　東宝企画本部文芸部長

委員　須田鐘太　大映取締役

〃　林文三郎　株式会社新東宝社長室

〃　石原春夫　東映企画室部長

〃　牛原虚彦　日本映画監督協会

〃　瀧澤英輔　〃

〃　三村伸太郎　シナリオ作家協会

〃　長瀬喜伴　〃

〃　野坂三郎　東宝教育映画取締役

〃　渾太防五郎　日映新社取締役

〃　阿部義扣　日本興行組合連合会常任委員

○再審査員　衣笠貞之助（演出家）

○専門審査員

田阪具隆（演出家）

新藤兼人（脚本家）

澤村勉（脚本家）

太木荘二郎（製作者）

山本武市（製作者）

北川冬彦（映画評論家）

登川直樹（映画評論家）

落合矯一（映画教育家）

關野嘉雄（映画教育家）

小林勝

長江道太郎

阪田英一
武井韶平
上野一郎

○日本映画連合会々長　大谷竹次郎
映画倫理規程管理委員長　渡辺鉄蔵
両氏より次の如きメッセージが委員会に対しておくられました

日本映画連合會
會長　大谷竹次郎

いよいよわが国が国際社会の一員として立つ年が参りました、恰もこの際　日本映画の芸術的内容が世界の注目を浴びる気運が醸成されひいては国産映画の輸出という希望に満ちた機会の到来を迎えましたことは、わが映画産業界の一人として洵に生けるしるしある喜びを禁じ得ませぬ。永年の間、国内市場の一隅に偏在して居りました日本映画が、漸くその国際的地位を主張し得る時節に達したかとも思われます。申すまでもなくこの秋こそ日本映画は最も自戒自警、克くその進路に過ちなからんことを期すべきでありましょう、今や我々は平和国家建設の一翼としての重責を立派に果さねばならぬのであります。

凡そ人間の生活に於て、社会的活動の裏付けには常にその道義的責任が要求されます。特にその対象とする財貨が、映画の如く人間の精神活動に働きかける所謂文化財である場合には、その内容に於て最厳なる倫理的批判を受けることはむしろ当然でありましょう。日本映画連合会が過去二年半　営々として「映画倫理規程」の育成と普及に努めて参りました所以は　実にその道義的自覚と社会的責任を重んじた結果に外ならぬのであります。

日本映画の国際的発展と共に、私はその倫理的責任も亦倍加されることを強調し、特に「映画倫理規程管理委員会」の一段の精励と充実とを祈って止まない次第であります。

日本映画連合會

映画倫理規程管理委員会

委員長　渡辺鉄蔵

本年は講和條約が効力を発して世界の秩序が新しい段階に入る年であります。「対立は調和の條件なり」とはクラークの著名な言葉でありますが、もし、対立が対立のままに終るとすればこれ以上の悲劇はありませぬ，我々は終戦以来七年間の体験によって平和の中に文化の建設にいそしむことが国家最高の願いであることを知りました。文化は平和の中に芽萌えるものであります。手段と考え方の相違はありましても文化の温床としての平和を待ち望むという点に於ては　国民のすべてが一致して期待し志向する所であろうと考えます。国民生活の真の幸福は、日々の営みに平和あって衣食足り、人としての心の遭木豊かなる、所謂文化国家の中にこそ見出さるるものであります。

我々が今日日夜盡瘁しつつある「映画倫理規程」の運営に致しましても、一つ一つの映画作品の細かい内容が、究極はこの民主的文化国家の建設という国民的目標に連なるものであるとの自覚によって始めてその社会的意義を全うすることが出来るのであります。映画のもつ社会的影響力、その大衆動員力、その教育的効果の深刻さに到っては今更茲に喋々するを要しませぬ，我々は本年度に於ても過去二年半営々として築き上げて参った業績を更に層一層堅実なるものとするために　大衆世論の声をうしろに擔い、創建当時の高い理想と覚悟を忘るることなく一路邁進致したいと思うのであります，

審査脚本一覧

会社名	題名	受付日	審査終了日	摘要
東映	水戸黄門漫遊記第一部、地獄谷の豪族	一、五	一、一一	
松竹	出世鳶	一、六	一、七	
大映	生き残った弁天様	一、七	一、九	
大映	長崎の歌は忘れじ	一二、一七	一、八	
〃	改訂版	一、一八	一、一九	改訂第二稿
新東宝	密猟船	一、一一	一、一四	
新東宝 伊藤プロ	犬姫様	一、一四	一、一六	
東宝	お国と五平	一、一六	一、一八	
東映	新選組 剣光乱舞の巻	一、一一		
〃	改訂版	一、一八	一、一九	改訂第二稿
新東宝	奥河岸帝国	一、一八	一、二一	
新東宝	青空浪人	一、二一	一、二二	

東宝	息子の花嫁	一二一	一二四	
松竹	春風行進曲	一二二	一二四	
東宝	喧嘩安兵衛	一二三	一二五	
大映	修羅城秘聞 雙雲の巻	一二五	一二六	
松竹	紅扇	一二二	一二八	
大映	死の街を脱れて	一二三	一三一	
東宝	戦国無頼	一二九	一三一	

a—8

◎新作品……………………一七

シナリオ数……………………一九（内改訂版二）

内訳＝松竹 三、東宝 四 大映 五（内改訂版一）

新東宝 四 東映 三（内改訂版一）

◎審査シノプシス……………………ナシ

脚本審査概要

水戸黄門漫遊記第一部 地獄谷の豪族	東映

企画 藤川公成
原作 大佛次郎
脚本 村松道平
監督 マキノ雅弘

水戸黄門主従が大老柳沢美濃守の陰謀を挫く物語

希望事項なし

出世鳶	松竹

原作 杉山茂樹
脚本 鈴木兵吾
監督 大曽根辰夫

6―1

家を棄てて市井の生活に飛び込んだ旗本の嫡男をめぐる恋と人情の物語

希望事項なし

生き残った弁天様	大映

原作　チャールス・Jミジジー
脚本　高岩肇
監督　久松静児

七福神に扮した佛像たちが　次々に危害に遇う事件をショウに仕組んだスリラア音楽映画

冒頭に花売娘が登場するが　これは労働基準法　児童福祉法の趣旨により然るべく処置されたい（法律）

6—2

長崎の歌は忘れじ

大映

原作　田坂具隆（「心の真珠」より）
脚本　沢村勉
監督　田坂具隆

災禍の地長崎を舞台に音楽に結ばれた日米両国人の平和への祈りを描く

この映画は　戦争とその結果に対するヒユウマニスチツクな　且つ平和主義的な批判をその主題とするものであり　材を原爆をうけた長崎にとつて清純穏健な描き方でもつて良くその首尾をととのえたものと云い得べく　映画倫理規程の面からは個々の部分訂正と　法意以外これと云つて云い得べき点は認め難いと考える

ただ問題は　長崎に於ける原爆の結果がドラマとなつている関係上　占領政策の面から考慮すべき点があるやも知れず　よつてCIEの見解を聞くことにした

それによれば　原爆と云う過去の傷痕を思い出さすが如き企画の映画は　二年前原爆に関するCIEの意見を表明したが　今もつてこれは変つていない　アメリカでは　如何にセンセイシヨナルであり　ドラマチイツクであつても　外国感情を尊重して　戦后パールハーバアを題材とした映画は作つていない　それと同じく　アメリカによつて止むを得ず実

行された軍備都市への原爆投下と云う歴史的事実は　一般への反米感情を考え合すなら
お互にこれは想起したくない過去であろう　だからこの企画の映画化を好ましいとは云い
難い
大体このような見解であつた
しかし思うに松竹映画「長崎の鐘」にくらべても　この方は原爆の投下直後の惨害を描く
のでなく　数年を経た現在の焼跡や廃址が出るに止まり　原爆についてはただ台詞の上で
語られるに止まる　その点　これを見た観客が刺戟的な印象をうけることはないと十分に
云い得べく　従って反米感情など云うまでもなく起るべくもないと云い得る　それは戦争
と云う不幸な事実に対するヒユウマニスチイックな批判とその情緒的な高揚がこの映画で
は　以上のべた刺戟的な印象などもし仮にあるとしても　それをおゝつて余りあると云つ
てさしつかえがない　その点この映画は必ずしもセンセエシヨナリズムをねらつた映画で
はなく　より高い精神的な追求の映画だと云える故に　必ずしも外国感情を損うものとは
云い難いし　かつこの映画ではその点アメリカ人が劇の主要人物の一人となつて　批判と
行動とを身をもつて示めしてゆく丈けに　そのような心配は全く考えないでも好いものと
思われる　よつて左の條項を訂正注意して貰うこととなつた

(1) 台詞や廃址として原爆の結果が少しどぎつく繰り返されるのは　やゝ過度にすぎるので　外国感情を考慮して全体的にも少し加減して欲しいこと　（国家）

(2) シーン7　広島上空での（旅客機の中　現在）ヘンリイの幻想には　原子雲の形を如実に出さぬこと　（国家）

同様にシーン10　「原子雲のような雲」とあるのは止めて欲しい　（国家）

(3) シーン32　桃子の台詞　「長崎には沢山いますのよ　そう云う孤児が」とあるのは戦争の惨害をのべるにしても刺戟的にすぎるし　外国感情からもこれは除いて欲しい

（国家）

(4) シーン33　55　96などの原爆被害の教会　或いはコンクリート塀などが出るが　この廃址の有様は画面とともに刺戟的でないように演出のこと　（国家）

4—5

(5) シーン83　少年が原爆の当時の状況を話しているが　この内容はもう少し刺戟的でなくして欲しいこと（国家）

(6) シーン115　琴を弾く綾子が（現在）爆音を聞いて「おびえたような眼ざし」をするとあるが　この描写は止めて欲しい　綾子が原爆による盲目の女である点を考え合わせてかぐきめたい（国家）

長崎の歌は忘れじ（自主改訂版）	大映

(1) 原爆によって盲目となった綾子の台詞の中　シーン57の「長崎に爆弾を落したのは誰なの」「私を盲にしたのは誰なの」は　余りに刺戟的な印象を与える恐れがある

これは　占領政策の面からも考えねばならぬことであろう　よってシーン61の同じ綾子の盲目を嘆く台詞はそのままとして　上記の二つは訂正　より直接的でない表現に代えて欲しい　（国家）　（二ヶ所）

(2) シーン65のヘンリイが雲仙の地獄谷の煙にだぶるイメージ（原爆のじかな回想）は止めて欲しい　わずかに廃址のシーン位ならば好いであろう　音楽などもここでは注意して欲しい　（国家）

(3) シーン79のヘンリイの台詞の中の「あの地獄の日」は止めて貰う　（国家）

(4) シーン79の良平少年の作文（原爆記）は　センセエショナルな印象を与えないように平静な声の朗読にして欲しい　（国家）

(5) シーン87の綾子の台詞の中の「あんな人とし（外国人としてのヘンリイを指す）とあるのは止めること　（国家）

(6) シーン117　野上の台詞にある（残酷な境遇）の残酷なと云う形容はせめて悲しい位に

弱めて欲しい　（国家）

密輸船	新東宝

製作　青柳信雄
監修　望晃淳
脚本　江川宇礼雄
監督　青柳信雄

対立する二つの網元が密輸事件を契機に人々の愛情と決断によって　組合を結成するに至る物語

(1)シーン73の雪子の部屋で
雪子「何故私を手ごめにしないのよ……」
雪子「実は手ごめにされたくて……」
は何れももう少し抽象的な言葉に代えられたい。（性）

(2)シーン80の薫の中のラヴシーンは　肉体的交渉と見えないように演出上注意されたい
（性）

火姫様

新東宝
伊藤プロ

製作　伊藤基彦
原作　陣出達朗
脚本　友田昌二郎
〃　池上金男
監督　中川信夫

財宝の所在を秘めた二枚の皿の争奪戦を描く時代活劇

(1) 峠播摩は切腹で死ぬことになっているが　これは切腹でなく　他のことで死ぬことに改訂して欲しい（社会）

(2) 文之丞は結局カタキを討たないことになっているが　しかしシーン98でもう少しカタキを討つことに対する積極的な批判が望ましい（社会）

お国と五平

東宝

製作　清川峰輔
〃　宮城鎮治
原作　谷崎潤一郎
脚本　八住利雄
監督　成瀬巳喜男

c—1

仇討つ主従と討たるゝものが　空しい武家の掟と人間的我執の中に迷い悩む姿を描く

全篇を通じて　仇討ちの愚かさと武士の妻の悲劇が扱われているのは結構であるが　演出に於てもこの点を充分強調されたい（社会）

但し　仇討に関する台詞や　忠義　御奉公などに類する言葉の使用は　構成上必要な限度にとどめて戴きたい　そしてその場限りにしてもそれらの讃美にならぬよう注意して戴きたい（社会）

友之丞を殺す場面は残酷にならぬように演出注意されたい（残酷）

新選組第二部　池田屋騒動	東映

製作　マキノ光雄
企画　坪井与
〃　柳川武夫
原作　村上元三
脚本　高岩肇
監督　荻原遼

幕末の京洛を舞台に新選組をめぐる策謀と愛慾の葛藤を批判的に描く

c—2

第二部となると　新選組のもっとも興隆期に当る時を描くものである丈けに全体に批判を欠くときは　暴力行為のただ讃美に終る心配がある　この脚本に於て見る限り（第一稿）なぜかかる暴力行為をくりかえしてゆくのかが表面ではかくされてある丈けに　ただその行動のみが前面的に描写されるに止まり　それが可成り刺戟的でもあるので無批判に肯定的な印象を与えるであろう　戦前の時代劇ならば　勤皇か佐幕かと云う　あい言葉をかかげることによって単純にその思想態度が表明され　その行動はすぐそれにむすびつけられて理解し得たであろうが　現在　かかる思想態度を批判なく劇的モメントに使うことは云うまでもなく危険であり　この映画はその為に行動のみ描かれるに至ったのは止むを得ないであろう　この積極的な行動期の新選組を描く限り　何らかの方法による批判を持たない限り　このままでは好ましくないから　全体に改訂を望んだ　殊に反幕の武士に対しても　すでに処断のしかたが人命軽視の印象を過度に与え過ぎるきらいがある点を注意して欲しい（社会）

反幕の志士の妻お梅の扱いが反道徳的な印象も　ここだけの人物丈けに　このままでは好ましくない　これは考えて欲しい（社会）

第一稿からの主人物稲葉が　この新選組の行動に対して傍観の立場にあって　批判者とはなり得ず　孤立してしまっているので　この稲葉と云うのではないが　何らかの方法で人物をかりてでも批判者を立てられるのも一方法だと思われる　この技術には　製作者側と

c―3

して脚本家も立会いの上懇談　第二稿を改訂提出された　部分的には　芹沢とお品の寂会の件（性）冒頭の解説モノローグ（社会）　ラストの新選組の昂揚された行進描写（社会）を訂正して貰った

魚河岸帝国	新東宝

製作　佐野和宏
〃　野坂和馬
原作　宮木幹也
構成　小国英雄
脚本　戸田伊太郎
〃　池俊行
監督　並木鏡太郎

凄壮な活気に満ちた魚河岸の生活を舞台に一運送会社の封建的作業を改革する青年運転手の活躍を描く

（1）シーン33「オカマ掘りじゃあるめえし……」は訂正を希望（性）
（2）シーン44「十四の才以来八百八十六人の女をひっかけたんだ」はもっと具体的でない表現にぼやかして欲しい（性）

c―u：

青空浪人

新東宝
宝プロ

原作　山手樹一郎
脚本　木下藤吉
監督　萩原章

青空の下に生きる自由を楽しむ浪人者が悪役人と奸商の陰謀を暴く物語

希望事項なし

息子の花嫁

東宝

製作　田中友幸
原作　宇野信夫
「春の泡雪」より
脚本　井手俊郎
監督　丸山誠治

男手一つで育てた息子に嫁を迎えた中年の父親の心の明暗を中心に描く下町人情劇

c—5

希望事項なし

春風行進曲	松竹

製作　久保光三
脚本　飯田和人
監督　佐々木康

虚偽に満ちた生活を避けてタクシーの運転手になった青年をめぐる善意の人々の恋と人情の物語

希望事項なし

喧嘩安兵衛	東宝

製作　本木荘二郎
原作　長谷川幸延
脚本　松浦健郎
監督

c—6

武門のしきたりを避けて市井の人となった中山安兵衛の人情と義侠の物語

希望事項なし

修羅城秘聞 飛雲の巻	大映

原作　山手樹一郎
「桃太郎笠」より
脚本
監督　衣笠貞之助

悪臣に迫害される若君のために　その双生児の兄弟の浪人者が救援に蹶起する時代活劇

(1) シーン60　伊之助の拷問は残酷にすぎぬよう演出注意されたい（残酷）

(2) シーン95　悪人側の浪人者達の剣舞は　余り殺伐な雰囲気にならぬよう同様注意されたい（社会）

(3) シーン114　半九郎の最後は　悪の讃美になる恐れあり改訂されたい　即ち自殺ではなく召捕られるようにされたい（法律）

(4) 立廻りについても　前篇同様冗長残酷にならぬようされたい（残酷）

紅扇	松竹

製作　小出孝
脚本　田中澄江
監督　原研吉

世話を受けた男の家に引取られた我が子を慕いつつ　舞踊の道に生きる芸妓の母性愛物語

シーン於「只で寐てやる芸者……」は風俗（性）上の点から訂正を希望（風俗、性）

死の街を脱れて	大映

原作　五島田鶴子
脚本　館岡謙之助
監督　小石栄一

終戦の頃　大陸の一角に取り残された女子供が　協力して新京に辿りつくまでの苦難の

記録

○この作品は戦後の満州が舞台であり　中国人も登場するので　中国代表部の了解を得て戴きたい

○(A)国際感情尊重　並びに(B)残酷醜汚と云う二つの面で慎重を要する点があると思う

(A)○「敵」とか「暴民」とか云う言葉は避けて戴きたい（シーン6、10、22、30等）（国家）（四ヶ所）

○シーン32　朝子と正之（子供）の台詞の中

「駄目　早く逃げないと死ななければならないのよ

「どうして死ぬの」

「悪い人達が来て殺してしまうんですよ」

「どうして悪い人達が来るの」

は(A)並びに一方が子供である点を考慮して止めて戴きたい（国家、残酷）

○シーン30の芳子の「……殴る　蹴る……」は改訂されたい（国家）

○シーン43のつねの「日本の軍人が……そのかたきうちをされているんだそうじゃないか」の評論の部分は止めて戴きたい（国家）

(B)○シーン5　英子（強姦された娘）の扱いは演出注意（残酷）

○シーン11、13の暴行場面も惨酷に過ぎぬよう右同様（残酷）（二ヶ所）

○シーン15の暴行場面も同様（残酷）
○シーン17「着物まではぎとられた日本人の惨殺体が横たわっている」は止めて戴きたい（残酷）
○シーン62　野犬の一群が土まんじゅうを掘返し「死体の着物を喰い破っていた」の描写は取り止め　全体として演出注意（残酷）
○シーン64〜75　てい子の赤ん坊が死に　その為てい子が発狂し　遂に鉄橋から落ちて死ぬ件は　てい子の扱い　赤ん坊の屍体の扱いを　余り陰惨にならぬよう同様演出注意（残酷）
○女たちが事毎に「いざとなれば死ねばよい」と云うか　これは生命軽視であるから特殊の場合を除いては止めて戴く（シーン6のてい子の言葉　20の朝子節子等）（社会）
○尚　物語自体が相当刺戟的であるから　全体として充分演出上の配慮を望みたい

戦国無頼	東宝

製作　田中友幸
原作　井上靖
脚本　黒沢明
監督　稲垣浩

天正戦国の世に自らのいのちの限り生き抜く夢を追う三人の武士の流転と宿命の姿を描く

希望事項なし

c—10

審査集計

規程條項		関係脚本題名及希望個所数		集計
1	国家及社会	「長崎の歌は忘れじ」	7	31
		「長崎の歌は忘れじ」（自主改訂版）	7	
		「犬姫様」	2	
		「お国と五平」	2	
		「池田屋騒動」	4	
		「修羅城秘聞」（第一部）	1	
		「死の街を脱れて」	8	
2	法律	「生き残つた赤天様」	1	2
		「修羅城秘聞」（第一部）	1	

d—1

3	宗教			0
4	教育			0
5	風俗	「紅扇」	1	1
6	性	「密獵船」	2	6
		「池田屋騒動」	1	
		「魚河岸帝国」	2	
		「紅扇」	1	
7	残酷醜汚	「お国と五平」	1	11
		「修羅城秘聞」（第一部）	2	
		「死の街を脱れて」	8	

希望事項総数……………………五一

審査映画一覧

審査番号	題名	会社名	巻数	呎数	製作	企画	原作	脚本	監督	主演
五九六	若人の誓い	松竹	一〇	八一四〇	小出孝			沢村勉	岩間鶴夫	桂田浩二 津島恵子
五九四	青春会議	東宝	八	七三一九	藤本真澄		石坂洋次郎	長谷川公之	杉江敏男	小泉博 杉葉子
五九五	群狼の街	大映	一〇	七七七〇				八住利雄	小石栄一	菅原謙二 久我美子
六〇八	三萬両五十三次	〃	八	六〇八〇			野村胡堂	木村恵吾	木村恵吾	大河内伝次郎 轟夕起子
六〇二	毒蛇島奇談 女王蜂	〃	一〇	八三八六			横溝正史	者谷勇	田中重雄	森雅之 久慈あさみ
五七八	大空の誓い	新東宝	九	七五〇〇	高木次郎			菊島隆三 宮田輝明	阿部豊	上原謙 久慈あさみ

ℓ—3

六一五	大当りパチンコ娘	新東宝	九	七、三七二	杉原貞雄			大草史郎	斎藤寅次郎	柳家金語楼 関千恵子
六〇四	落花の舞	〃	九	八、〇四七	岸川誠輔		新田晴山	友田昌二郎	渡辺邦男	田崎潤 宮城千賀子
六二〇	新選組第二部 池田屋騒動	東映	九	七、五八二	マキノ光雄	坪井与 柳川武夫	村上元三	高岩肇	荻原遼	片岡千恵蔵 花柳小菊
五八五	元禄水滸伝	郷田プロ	九	七、七六三	郷田悳			郷田悳	大塚稔	月形龍之介 春日野八千代
五五六	母なれば女なれば	キヌタプロ	一一	九、二〇六	寺田昌業 伯倉昌美		徳永直	棚田吾郎	亀井文夫	山田五十鈴 神田隆
六一八－T	松竹製作ニュース 第七四号	松竹			出世篇					
五九四－T	東宝スクリーン・ニュース No 92	東宝			青春会議					
五五〇－T	大映ニュース 第一七八号	大映			或る夜の出来事					
六〇八－T	〃 第一七九号	〃			三万両五十三次					

六〇二－T	〃 第一八〇号	〃			毒蛇島奇談 女王蜂
六一五－T	〃 第一八一号	〃			阿波狸屋敷
五〇〇－T	〃 第一八三号	〃			花荻先生と三太
六〇五－T	大当りパチンコ娘	新東宝			
六〇四－T	落花の舞	〃			
六二〇－T	新選組第二部 池田屋騒動	東映			
六一三－T	嵐の中の母	〃			
五八五－T	元禄水滸伝	郷田プロ			
五五六－T	母なれば女なれば	キヌタプロ			

E－二九九	アダムとイヴ	S.C.P	一	八〇〇	彩色
E－三五〇	高峰三枝子歌のアルバム	松竹	二	一七九八	
E－三五五	ケニア大草原	讀賣映画社	四	三八〇〇	

E－三五九	お父さん	電通	二	一七五〇	
E－三六二	肥料の上手な使い方	日映学芸映画製作所	二	一八〇〇	日東科学工業株式会社 企画
E－三六四	特許竹中式潜函工法 銀座松坂屋工事記録	理研	三	三二〇〇	
E－三六七	沈むビル工事 日活国際会館潜函工事記録	〃	二	一六〇〇	
E－三六八	天皇陛下御巡幸記録 飯野産業舞鶴製作所御視察	〃	一	五〇〇	
E－三七〇	電力は国の宝	電力は国の宝運動中部委員会	一	五〇〇	
E－三七一	松竹大船撮影所出火お祓式	松竹	一	一〇〇	
E－三七六	昭和二十七年春場所大相撲	日本相撲協会映画部	二	一八〇〇	

P－一九〇	ムービー・タイムズ 第一九〇号	プレミア			
P－一九一	〃 第一九一号	〃			
P－一九二	〃 第一九二号	〃			

d—6

映画審査概要

○ 新選組第二部
　池田屋騒動　　東映

池田屋斬込みの立廻り　やゝ過度につき削除を希望し実行された（三十八呎）

○ 元禄水滸伝　　瑯田プロ

寺坂の衣裳に　義士討入のカットがだぶつて出てくるところ削除を希望し　実行された（八呎）

○ 母なれば女なれば　　キヌタプロ

「天に代りて不義を討つ」「軍艦マーチ」は何れも伴奏であるが削除を希望し実行された（百呎）

d－7

宣伝広告審査概要

スチール

○落花の舞　新東宝

男装の麗人を男と思い　長襦袢姿の女がその寝室に忍びこむ場面のスチル二枚（番号10及び12）は風俗上挑発的印象を与えるので使用中止方を希望し実行された
d.―P

なお本場面は脚本審査に於て挑発的とならないよう改訂を希望されている

各社封切一覧

封切日	審査番号	題名	製作会社	備考
◎松竹				
一月八日	五八一	一つの春初恋あり	松竹	
一月八日	五七一	夢と知りせば	仝	
一月十四日	五七五	旗本退屈男 江戸城罷り通る	仝	
一月二十日	五八六	唄くらべ 青春三銃士	仝	
◎東宝				
一月三日	五六七	荒木又右衛門 決闘鍵屋の辻	東宝	
一月九日	五八〇	慶安秘帖	仝	
一月十七日	五九四	青春会議	仝	
一月二十四日	E－一三四八	女剣劇の生態	奄映社	

一月三十一日	五八五	元禄水滸伝	郷田プロ	

◎大映

一月三日	五八四	浅草紅団	大映	
一月八日	五九七	瞼の母	仝	
一月十四日	五九五	群狼の街	仝	
一月二十日	五五〇	或る夜の出来事	仝	
一月二十五日	六〇八	三萬両五十三次	仝	

◎新東宝

一月三日	五八三	右門捕物帖 緋鹿の子異変	新東宝 綜芸プロ	
一月九日	五七八	大空の誓い	新東宝	
一月十五日	六〇五	大当り パチンコ娘	新東宝 杉原プロ	
一月二十四日	S―七三	鴛鴦道中	日活	（新版）
	S―二一	河内山宗俊	日活	（新版）

ム―10

一月三十一日	六〇四 E―三七六	落花の舞 春場所大相撲	新東宝 大日本相撲協会映画部	

◎東映

一月三日	五七四	新選組 京洛風雲の巻	東映	
一月十日	六〇九	遊民街の夜襲	仝	
一月十七日	五五六	母なれば女なれば	キヌタプロ	
一月二十四日	S―六九 A―三七九	野球狂時代 のど自慢狂時代	東映 仝	(新版) (新版)
一月三十一日	六二〇	新選組第二部 池田屋騒動	仝	

映画倫理規程審査記録第三十一号

昭和二十七年二月五日発行

発行責任者　池田義信

東京都中央区築地三ノ六

日本映画連合会

映画倫理規程管理部

電話築地(55)二八〇二
〇六九六番

d—12

映画倫理規程審査記録

第32号

※収録した資料は国立国会図書館の許諾を得て、マイクロデータから復刻したものである。
資料の汚損・破損・文字の掠れ・誤字等は原本通りである。

32

映画倫理規程

審査記録

27.2.1〜27.2.29

國立國會
27.3.19
圖書館

日本映画連合会

映画倫理規程管理委員会

目次

1 管理部からのお知らせ …… a〜1
2 審査脚本一覧 …… a〜9
3 脚本審査概要 …… b〜1
4 審査集計 …… d〜1
5 審査映画一覧 …… d〜4
6 映画審査概要 …… d〜11
7 宣伝広告審査概要 …… d〜12
8 各社封切一覧 …… d〜13

管理部からのお知らせ

○二月八日の管理委員会に於て　放送を利用する映画の宣伝については「放送を媒体とする映画の宣伝は　各社の宣伝協力員が倫理規程の精神に副い　責任を持って処理に当る」ことに決定を見ました。

○二月八日及び廿二日の管理委員会に於て　禁止映画一部の再審査報告が特別管理委員会で　左の通り行われその結果は直ちに関係当局に報告されました。昨年十二月廿六日の管理委員会で行われた第一回の報告の分（第三十号所載）を併せここに集録致します。この後引続き再審査されたものは次号に掲載します。

禁止映画再審査報告（其の一）

題名	巻数	製作年月	製作	原作	脚本 脚色	演出	主演
○松竹							
雪之丞変化（総集豪華版）	一三	昭一〇、		三上於莵吉	伊藤大輔	衣笠貞之助	林長二郎 伏見直江 高堂国典
都会の奔流	一〇	昭一五、六			猪俣勝人	佐々木啓祐	佐分利信 木暮実千代 原保美
○東宝							
虎の尾を踏む男達	六	昭二〇、八	伊藤基彦		黒沢明	黒沢明	大河内伝次郎 藤田進 榎本健一

a－2

姿三四郎	九	昭一八、三	松崎啓次	富田常雄	黒沢明	黒沢明	大河内伝次郎 藤田進 月形龍之介 花井蘭子 轟夕起子

○大映

乞食大将	七	昭二〇、九	企画 松山英夫 浅野辰雄	大仏次郎	八尋不二	松田定次	市川右太衛門 中村芳子 月形龍之介
富士に立つ影	一〇	昭一七、一二		白井喬二	八尋不二	池田富保 白井戦太郎	阪東妻三郎 尾上菊太郎 橘公子

○日活

続清水港	一〇	昭一五、七			小国英雄	マキノ正博	片岡千恵蔵 沢村国太郎 広沢虎造

a — 3

彌次喜多道中記	一〇	昭一三・一一			小国英雄	マキノ正博	片岡千恵蔵、杉狂児、原駒子、楠木繁夫、ディック・ミネ

禁止映画再審査試写報告（其の二）

○東宝

越後獅子祭	八	昭一四・八		長谷川伸	三室新太郎	渡辺邦男	長谷川一夫、入江たか子、山根寿子
水戸黄門漫遊記	一二	昭一三・七			小国英雄	斎藤寅次郎	エンタツ、アチャコ、徳川夢声
磯川兵助功名噺	一〇	昭一七・一〇		野村胡堂	如月敏、志村敏夫	斎藤寅次郎	榎本健一、黒川弥太郎、花井蘭子
ロッパの大久保彦左衛門	七	昭一四・一		菊田一夫	山崎謙太、小国英雄	斎藤寅次郎	古川緑波、藤原釜足、江戸川蘭子、清川虹子

○大映

五重塔	七	昭一九、八	菊岡久利	幸田露伴	川口松太郎	五所平之助	花柳章太郎　森赫子　柳永二郎　大矢市次郎
思出の記	一一	昭一七、八		徳富蘆花	小崎政房	小崎政房	井染四郎　逢初夢子　琴糸路　加賀邦男
江戸の朝霧	一二	昭一七、九		真山青果	波多謙治	仁科紀彦	市川右太エ門　高山広子　雲井八重子　杉裕之

○日活

江戸最後の日	一〇	昭一六、一一		吉田絃二郎	和田勝一　潤色 稲垣浩	稲垣浩	阪東妻三郎　尾上菊太郎・原健作　志村喬
恋山彦	一二	昭一二、七		吉川英治	比佐芳武	マキノ正博	阪東妻三郎　尾上菊太郎　大峨龍太郎　沢村国太郎

風雲将棋谷	一〇	昭一五、九		角田喜久雄	比佐芳武	荒井良平	阪東妻三郎 市川小文治 瀬川路三郎 香川良介
検事とその妹	七	昭一二、一		竹田敏彦	荒牧芳郎	渡辺邦男	岡譲二 小林重四郎 原節子 伊沢一郎

禁止映画再審査試写報告（其の三）

○松竹

花咲く港	九	昭一八、七		菊田一夫	津路嘉郎	木下恵介	小沢栄太郎 上原謙 水戸光子 笠智衆

○大映

御存じ右門 護る影	一〇	昭一八、二		佐々木味津三	毛利喜久男	西原孝	嵐寛寿郎 原健作 高山広子 大河三鈴

a—6

火砲の響	一〇	昭一八、一〇		吉川英治	野渕昶	野渕昶	嵐寛寿郎、市川春代、羅門光三郎、小紫幹治
海猫の港	一一	昭一七、七			吉田二三男、石田吉男	千葉泰樹	杉狂児、滝口新太郎、姫美谷接子、見明凡太郎
山参道	一〇	昭一七、五		眞船豊	北村勉	島耕二	中田弘二、眞山くみ子、村田知英子、杉村春子
或る病院の出来事		昭一五	新興キネマ株式会社		陶山密	深田修造	小紫幹治、相馬十惠子、山路ふみ子、宇佐美淳
○日活							
柳生大家剣	七	昭一六、一			滝川紅葉	池田富保	阪東妻三郎、深水藤子、京春太郎

a—7

鳥人	一三	昭一五、一〇		額田六福	丸根賛太郎 石田浩	丸根賛太郎	嵐寛寿郎 市川春代 沢村国太郎 月宮乙女

a—8

審査脚本一覧

会社名	題名	受付日	審査終了日	備考
東宝	湖底の囚人	一、三一	二、二	
東宝	おかる勘平	一、三一	二、二	
スタジオエイトプロ	朝の波紋	二、一	二、四	
松竹	風流活殺剱	二、二	二、四	
新東宝	惜春	二、四	二、五	
東宝	求婚	二、四	二、五	
新東宝	上海帰りのリル	二、四	二、六	
新東宝	上海帰りのリル 自主改訂版	二、一八	二、二三	改訂第二稿
新東宝	娘十八びっくり天国	二、五	二、六	
東映	水色の円舞曲	二、六	二、七	

東宝	最後の顔役	一、二八		
東映	改訂版	二、五	二、七	改訂第二稿
内外映画	(仮題)谿谷の決闘	二、六	二、八	
松竹	東京騎士傳	二、五	二、一一	
東映	水戸黄門漫遊記第二部 伏魔殿の妖賊	二、九	二、一一	
東映	酔いどれ歌手 君よ嘆きは捨て給え	二、一		
〃	改訂版	二、九	二、一一	隅田川の酔いどれ天使より「君よ嘆きは捨て給え」の改題改訂第二稿
東映	新選組 魔剣乱舞	二、一一	二、一三	
大映	別れの恋唄	二、一三	二、一四	
東宝	恩讐の彼方へ ―敵討以上―	二、一四	二、一五	
大映	西遊記	二、一八	二、一九	
大映	父恋鳥	二、一八	二、一九	
東映	お酒落狂女	二、一八	二、二一	

a―10

新日映	川べりの少年達	二 一四	二 二二	
松竹	鞍馬天狗 天狗廻状	二 一八	二 二二	
大映	母山彦	二 二一	二 二二	
松竹	永井龍男原作「鳩舎」より 二つの花	二 二〇	二 二五	
大映	娘初恋ヤットン節	二 二五	二 二七	
松竹	伊豆の艶歌師	二 二五	二 二九	
松竹	相惚れトコトン同志	二 二八	二 二九	
新映	夢よいずこ 自主改訂版	二 二六	二 二九	「夢去りぬ」の改題 改訂第二稿 第一稿は新東宝 協和プロ

◎新作品……二七

シナリオ数……三一（内改訂版四）

内訳＝○松竹　六、○東宝　一　○大映　五

○新東宝　四（内改訂版一）　○東映　八（内改訂版二）

○スタジオエイトプロ　一　○内外映画　一　○新日映　一

○新映　一（内改訂版一）

◎シノプシス……一

内訳＝○東映　一

脚本審査概要

湖底の囚人	東宝

製作　田中友幸
原作　島田一男
脚本　西亀元貞
監督

発電工事のために湖底に沈んだ村の財産をめぐる陰謀に絡まる連續殺人事件を扱った探偵劇

一、殺人現場の傷口や刀を直接的に描写しないよう演出上注意を望み（二ケ所）（残酷）（二ケ所）その一つの現場に居合す「連れこみらしいアベック」とあるのはホテルのことなれば余り醜悪な姿で出さないことを望みたい（性）

二、「電源開発の犠牲になった村」と云う台詞（シーン13）は現在の日本で緊急な問題である丈に誤解をまねく恐れあり。訂正ありたいこと（社会）

三、最後に逃げる犯人を「警官が三発暗闇の木立にピストルをうちこむ」とあるのは犯人

8—1

は兇器を持たず抵抗していないだけに「待て!!うつぞ」と云ったような先ず警告の台詞あって始めて射撃ありたしと思う(法律)

おかる勘平	東宝

製作　宮城鎮治
原作　帝劇文芸部
脚本　小國英雄
監督　マキノ雅弘

「お軽と勘平」を上演中の帝劇を舞台に　演劇に生きる人々の人間的哀歓を描く

希望事項なし

朝の波紋	新東宝

製作　平尾郁次
原作　高見順
脚本　館岡謙之助
監督　五所平之助

若い男女を中心に　心美しき人々の醸し出す人生の喜びを描く

希望事項なし

風流活殺剱	松竹

製作　小倉浩一郎
原作　高木貢一
〃　中沢巠夫「扇谷八兵衛」より
脚本
監督　丸根賛太郎

長屋住まいの浪人二人が　悪人を懲しつつ俗臭の世を正義一途に濶歩する物語

希望事項なし

惜春　新東宝

製作　小川吉衛
脚本　高木次郎
監督　木村恵吾

華やかな流行歌手を妻に持った男の悲哀と秘められた愛情の夢を描く

希望事項なし

求婚　東宝

製作　藤本眞澄
原作　小山いと子
脚本　水木洋子
〃　井手俊郎
監督　千葉泰樹

子供をつれて実家に帰った若い未亡人が新しい幸福の途につく姿を描く

希望事項なし

上海帰りのリル

新東宝

製作　竹中美弘
原作　藤田澄子
脚本　椎名文
監督　島耕二

流行の歌謡曲を主題として　生涯に唯一人の愛人の面影を追うやくざ者の悲劇を描く

希望事項なし

娘十八びっくり天國

新東宝

製作　杉原貞雄
脚本　八住利雄
監督　斉藤寅次郎

6—5

稔子とその母をめぐって　貧しくとも心美しき人々の描き出す市井人情喜劇

(1) シーン10　婆さんの台詞「はんのどぶろくですが……」は　酒の密造を想わせるから改訂されたい（法律）

(2) シーン27　美津子（小学校の先生）が京子（受持の児童）に云う「……悪いお母さんを持って可哀そうねえ……」並びにシーン40「……お母さんには黙ってゝね」は教育上の点で止めて戴きたい（教育）（二ヶ所）

水色の円舞曲	東映

原作　藤浦洸
脚本　舟橋和郎
監督　田中重雄

医学生と女学校の若い教師の恋愛抒情物語

希望事項なし

最後の顔役	東映

企画 柳川武夫
原作 山岡荘八
脚本 若尾德平
監督 小杉勇

顔役の娘をめぐつて街の浄化と愛の勝利を描く活劇調メロドラマ

第一稿に於てはいさゝか主要人物に関して善悪正邪の別が判然とせざる感あり 全面的なる改訂を希望した（社会・教育）

第二稿に於ては希望事項なし

（仮題）谿谷の決斗	内外映画

製作 松崎啓次
原作 浅野辰雄
脚本 蓮池義雄
監督 田口哲

森林の不正伐木を摘発する若き経営指導員をめぐる恋愛活劇

希望事項なし

東京騎士傳	松竹

製作　田岡敬一
原作　大畑硯郎
脚本　長瀬喜伴
監督　瑞穂春海

暴力で鳴らしたやくざ男が眞実の恋に眼ざめて正道に立ち返る物語

一、シーン7のビル屋上でのやくざの喧嘩はその讃美にならぬよう演出せられたい（社会）

二、シーン41の子分達の台詞の中の喧嘩礼讃の部分は訂正されたい　（社会）（三ケ所）

三太「喧嘩はあたしたちの渡世じゃありませんか……」

健吉「喧嘩は親分、男の顔の賣りどころじゃありませんか……」

甚助「喧嘩をしねえんだった　それで関東一の大親分になったんじゃねえか」

6―8

三、シーン78偽株を買わされた眞吉が喧嘩に行くが……そこで警察に連絡すべきが当然であるし　その様な台詞を〃かよ〃か〃まり〃に云わせる様にして欲しい　（法律）

四、シーン86相良「頼まれりゃ人をも殺す相良忠太だ」の台詞は代えて欲しい　（社会）

水戸黄門漫遊記第二部

伏魔殿の妖賊

東映

企画　藤川公成
原作　大佛次郎
脚本　村松道平
監督　渡辺邦男

水戸黄門主従が大老柳沢美濃守の陰謀を挫く物語

8—9

一、シーン3　甚太が犬を蹴りとばす所は残酷でないようにして欲しい　（残酷）

二、シーン26　牛込見付の七兵衛と捕員との暗殺行為は〈斬るのだ〉〈斬りゃいいのだ〉等の台詞をとり　かつ斬る直接的な描写は避けて欲しい　（社会）

三、シーン29　血判の形式は仰々しい表現にしないようにして欲しい　武士的慣習の讃美にならねば好い　（社会）

四、シーン72　弥造のあわてた喜劇的演技（ふとんに頭をかくして　尻がまる出しになる）は醜悪にならぬよう注意を望む　（醜汚）

追記　完成映画において　第二の注意台詞が出ていたが　画面の印象はそれ程刺激的でないので　この限りにおいてこれはこのままにした　彼我対照のために念のため附記した

酔いどれ歌手
—君よ裁きは捨て給え—
（「君よ裁きは捨て給え」の改題）

東映

製作　マキノ光雄
企画　岩井金男
〃　浅田健三
脚本　清島長利
監督　春原政久

隅田川の水上生活者の友と呼ばれる心温かい一医師を中心に描く恋と人情の物語

副人物の一人として　傷痍軍人の立花と云う男が白衣を着て街頭に立ち　唄を流していることになっているが　あたかも基金募集をしている風姿に似ているので　この白衣で街頭に立つのは止めて欲しい　従来これは違法であり　且つ戦争の直接的な影響を成可く出さない為にとってきた形式である　（法律　国家）

ただ最後の舞台の所はこの男が白衣で現われても問題はないであろう　（尚　病院へ白衣でこの男が戦友の五郎を尋ねてくる件が追加された由であるが　これもこの限りでは問題はないと思われる）

やはり副人物の一人として姉の芳江が出て来るが　これは病気でかえってくる酌婦の感じであるが　人身売買を暗示しないよう　且つ劇中夜の女として仂くかに思わす描写があるが　これは画面外にふせて欲しい　（性　法律）（二ヶ所）

最后にこの女が死ぬが（これは神志であるが）結局が自ら死を選択するか強き印象を与えないよう注意して欲しい　（社会）

これは本人の療養が専一でない為死をまねいたことにするのが望ましい

シーン3に医師大竹と　だるま船の女お春との間に　避妊薬をめぐって香潤的なやりとりがあるが　これは過度に思われるので頁4―3末2行より次頁4行までは止めて欲しい（性）

芳江の台詞の中に「お通夜バクチは大っぴらでしよし」とあるのは好ましくない　（法律）

シーン37　光子と五郎との描写は演出上注意して欲しい　（性）

尚その結果の光子の妊娠の為の嘔吐は　画面外に成可くかくして描かれたい（醜汚）

記憶喪失になっている五郎が禁じられている酒を飲み「どうでもしやがれ　警察でもアメリカでも連れてゆけ」となるのは殊更に外国名を用うる根拠と理由がないので避けて欲しい（国家）

前進座　魔剣乱舞	東映

製作　マキノ光雄
企画　坪井与
〃　柳川武夫
脚本　村上元三
脚本　高岩肇
監督　荻原遼

幕末の京洛を舞台に新選組をめぐる策謀と愛欲の葛藤を批判的に描く

第二部は新選組の退潮期であるが左の点を注意して貰うにとゞめた

(1)シーン3　土方の台詞の中の「国家のために粉骨している」とあるのを「幕府」にすること。（社会）

(2)シーン7　批判者となる山南（のち脱党する）の台詞の中に単に新選組を暴力団体としてのみ批判するにとゞまらず　時勢に対するこの男の懐疑を合わせのべて貰えば　シーン10の山南の脱走の裏付ともなり　批判はより完全を期しうるかと思う　（社会）

(3)シーン40の土方の台詞にある「伊藤君は以前から勤皇思想をいだいて云々」とあるのを「新しい思想」に直して貰うこと　（国家）

(4)シーン63　油小路の乱斗は残酷な印象を過度に与えないよう配慮されたい　（残酷）

(5)題名に「第三部」と云うのも入れない旨だが　ラストのタイトルには「第三部」と云うことをことわって貰えると幸いである

c—3

別れの恋唄	大映

脚本　笠原良三
監督　佐伯幸三

愛するが故に心にもなく別れた恋人に　やがて裁かるる身となるキャバレー歌手の悲恋物語

希望事項なし

恩讐の彼方へ ―仇討以上―	東宝

原作　菊池寛
脚本　山本嘉次郎

仇討つものと討たるるものが空しい武家の掟を超えて救世の大事業に力を合す青の洞門由来記

シーン26～30のおその売色行為の暗示の件は　稍々表現が過度であるからもう少し柔げて戴きたい（性）

シーン14　市九郎が自害しようとする件は演出注意されたい（社会）

西遊記	大映

企画　高桑義生

脚本　八尋不二

監督　冬島泰三

大唐の高僧三蔵法師一行が天竺を目指す冒険旅行記

希望事項なし

父恋島	大映

原作　清水竜之介

脚本　八木隆一郎

監督

ガマ師夫婦の子供に生れた天才少女歌手をめぐって人々の愛情と激励のまごころを描

希望事項なし

お洒落狂女	東映

企画　山田栄一
原作　木田美津
脚本　前田岡一
監督　佐伯清

松平定信の節倹政策下の江戸をさまようお洒落狂女と稀代の大盗をめぐる時代活劇

(1) 盗賊中熊は「義賊」と云う印象を与えないように扱って戴く（法律）

(2) お洒落狂女は最後まで中熊を父の仇と狙っているが　復讐否定の立場から適当に処理して戴く（法律）

こ－6

川べりの少年達	新日映

原作　宮次雅夫
脚本
監督　道林一郎

学芸会の準備に心理なす明るい少年達の友情を描く

(1) シーン6　警察での子供の会話で「つぶされなかったかしは警察が暴力を用いるが如き印象を与えるので削除又は変更を希望　（法律）

上海帰りのリル（自主改訂版）	新東宝

「西貢からの船　台湾からの船」と云う台詞が出るが　何れも密輸船で　西貢の人　台湾の人（外国人）が日本の悪人と結託しているように見える恐れがあるので　適当に改訂か

C―7

削除を希望した（国家）

鞍馬天狗　天狗廻状
松竹

製作　小倉浩一郎
原作　大佛次郎
脚本　八尋不二
監督　大曽根辰夫

幕末の京洛を舞台に謎の密告状をめぐる鞍馬天狗の活躍を描く

これは第一稿であるが　二三ケ所出てくる殺陣を成可く注意して過度にならぬよう注意して欲しい　（社会）

尚　鞍馬天狗シリーズの中には　かつて禁止映画になったものであるが　この原作と同じものは日活作品として存在し　C・C・D通過　当方審査済のものがあり　その点問題はない

尚　この副人物形作の挿話を加えて自主改訂されるらしい旨申出あり　これは参考として当方で一応読むことにした

母山彦

大映

脚本　八住利雄
監督　田中重雄

三人の子供を抱えて苦斗を続ける母の姿を描く

希望事項なし

二つの花

永井龍男原作「鳩舎」により

松竹

製作　小出孝
脚本　沢村勉
監督　大庭秀雄

若い理智的な女医とその友の情熱的な女性の友情と恋愛の生態を描く

希望事項なし

娘初恋ヤットン節　大映

脚本　笠原良三
監督　佐伯幸三

風呂屋の娘と医学生の恋をめぐる下町人情劇

希望事項なし

伊豆の艶歌師　松竹

製作
脚本　久保光三
監督　西河克己

伊豆を流す艶歌師たちと　それを搾取するやくざ者の対立を描く恋愛メロドラマ

希望事項なし

相惚れトコトン同志
松竹

製作　小倉武志
原作　鹿島孝二
脚本
監督　川島雄三

C—11

青年サラリーマンをめぐる明朗な下町恋愛物

希望事項なし

夢よいずこ （「夢去りぬ」の改題） 自主改訂版	新映

希望事項なし

審査集計

規程條項	関係脚本題名及希望個所数		集計
1. 國家及社会	「湖底の囚人」	1	18
	「最後の顔役」	1	
	「東京騎士傳」	5	
	「伏魔殿の妖賊」	2	
	「酔いどれ歌手」	3	
	「魔剣乱舞」	3	
	「恩讐の彼方へ」	1	
	「上海帰りのリル」（自主改訂版）	1	
	「天狗廻状」	1	
	「湖底の囚人」	1	

d—1

番号	項目	作品	件数	計
2	法律	「娘十八びっくり天国」	1	10
		「最後の顔役」	1	
		「酔いどれ歌手」	4	
		「お洒落狂女」	2	
		「川べりの少年達」	1	
3	宗教	希望事項なし		0
4	教育	「娘十八びっくり天国」	2	3
		「最後の顔役」	1	
5	風俗	希望事項なし		0
6	性	「湖底の囚人」	1	6
		「酔いどれ歌手」	4	

d—2

7		
残酷魂汚	「恩讐の彼方へ」	1
	「湖底の囚人」	2
	「伏魔殿の妖賊」	2
	「酔いどれ歌手」	1
	「魔剣乱舞」	1
6		

○希望事項総数……………………四三

d—3

審査映画一覧

審査番号	題名	会社名	巻数	呎数	製作	企画	原作	脚本	監督	主演
六一〇	とんかつ大将	松竹	一〇	八、五三七	山口松三郎		富田常雄	川島雄三	川島雄三	佐野周二 津島恵子
六一八	出世鳶	松竹	一〇	八、二四〇	杉山茂樹			鈴木兵吾	大曾根辰夫	山田五十鈴 北上弥太郎
六一一	治郎吉格子	松竹	一二	八、九三六	小倉浩一郎		吉川英治	伊藤大輔	伊藤大輔	長谷川一夫 高峰三枝子
五八九	本日休診	松竹	一〇	八、七三三	山本武		井伏鱒二	斎藤良輔	渋谷実	鶴田浩二 淡島千景
六〇六	風ふたゝび	東宝	一〇	七、九一〇			永井龍男	植草圭之助	豊田四郎	原節子 池部良
六〇三	ラッキーさん	東宝	九	七、五一九	藤本真澄		源氏鶏太	猪俣勝人	市川崑	小林桂樹 島崎雪子

d—4

六一五	阿波狸屋敷	大映	一〇	七、五九七				八尋不二	佐伯幸三	堀雄二 沢村昌子
六一四	呼子星	大映	九	七、五八七				笠原良三	吉村廉	三益愛子 松島トモ子
五六四	あばれ熨斗	大映	一一	八、五九四			土師清二	安達伸生	安達伸生	嵐寛寿郎 三浦光子
六一九	生き残った弁天様	大映	九	七、四八三			チャールス・J・ミラゾー	高岩肇	久松静児	若尾文子 白鳥みづえ
六二二	犬姫様	新東宝	八	六、一二四	伊藤基彦		陣出達朗	友田昌二郎 池上金男	中川信夫	水島道太郎 花柳小菊
六二六	青空浪人	新東宝	九	七、四八七			山手樹一郎	木下藤吉	萩原章	黒川弥太郎 浜田百合子
六四四	娘十八びっくり天国	新東宝	九	七、一七〇	杉原貞雄			八住利雄	神原実郎	古川緑波 星十千秋
六一三	嵐の中の母	東映	九	七、八〇五	マキノ光雄			八住利雄	佐伯清	水谷八重子 沼田曜一
六一七	水戸黄門漫遊記 第一部 地獄谷の豪族	東映	九	八、三一三		萩川公成	大仏次郎	村松道平	渡辺邦男	市川右太衛門 折原啓子

α—5

六三三	最後の顔役	東映	一一	九、八二〇		柳川武夫	山岡荘八	若尾徳平	小杉勇	[illegible]崎一郎 宮城千賀子
三〇一	箱根風雲録	新星映画社 制作前進座	一四	一二、二七四	松本酉三 宮川雅青			楠田清	山本薩夫	河原崎長十郎 山田五十鈴
三九七	曠野の誓い	第一映画プロ	六	六、〇一〇	北沢二郎			古川良範	京極高英	三島雅夫 千石規子
五七二	南國の肌	東宝教育	一〇	八、四三八	野坂三郎 大橋公威			本多猪四郎	本多猪四郎	伊豆肇 島田[illegible]子
五九九	清炎峡	芸苑プロ	九	七、四三九	石田達郎		秋父重剛	小國英雄	小田基義	田崎潤 紫立のぼる

六一〇―T	松竹製作ニュース 第七五号	松竹	とんかつ大将
六一一―T	〃 第七六号	松竹	治郎吉格子
五八九―T	〃 第七七号	松竹	本日休診
六〇六―T	東宝スクリーン・ニュース NO.23	東宝	風ふたたび

六〇三－T	〃 NO. 24	東宝		ラッキーさん
六一二－T	〃 NO. 25	東宝		霧笛
六一四－T	大映ニュース 第一八二号	大映		呼子星
三六四－T	〃 第一八四号	大映		あばれ焚火
六一九－T	〃 第一八五号	大映		生き残った辨天様
五六九－T	〃 第一八六号	大映		雪崩
六二二－T	大姫様	新東宝		
六二六－T	青空浪人	新東宝		
六四四－T	娘十八びつくり天国	新東宝		
六二四－T	魚河岸帝國	新東宝		
六一七－T	水戸黄門漫遊記 才一部 地獄谷の豪族	東映		
六三三－T	最後の顔役	東映		
六四七－T	水戸黄門漫遊記 才三部 伏魔殿の妖賊	東映		

d—7

三〇一一T	箱根風雲録	新星映画社 前田新進座		
三九七一T	曠野の誓い	第一映画プロ		
五七二一T	南國の肌	東宝教育		
五九九一T	情炎峡	芸苑プロ		

E—三二〇	夕餉も楽し	三幸映画社	二	六九二	皇國葡萄酒の宣伝
E—三六三	蛔虫 寄生虫と社会	岩波映画製作所	二	一、四〇〇	
E—三六五	白兎の冒険	国際スクリーンガイド	一	三〇〇	
E—三七二	日米親善野球 アメリカ野球に学ぶ	読売映画社	二	一、五〇〇	
E—三七三	奥州二本松	日映	一	九六一	二本松岳観光協会企画
E—三七五	手	日映科学映画製作所	一	三五〇	
E—三七七	パチンコ必勝法	東宝教育	二	一、四二〇	
E—三八〇	北上川の詩 第一部 ダムの少年達	新教映 村民映画研究所	四	三、二〇〇	

E－三八一	裸（シャバンテス・）族	三映社	七	四、四三〇	
E－三八二	上代彫刻	三井芸術プロ	二	一、六八〇	
E－三八四	道子の贈り物	神奈川ニュース映画協会	二	一、八〇〇	通商産業省企画
E－三八六	私はだまされた	大阪映画人集団	三	二、一〇〇	
P－一九三	ムービー・タイムズ 第一九三号	プレミア			
P－一九四	〃 第一九四号	〃			
P－一九五	〃 第一九五号	〃			
P－一九六	〃 第一九六号	〃			
P－一九七	〃 第一九七号	〃			
S－八三	御存知東男	東宝	七	四、六〇三	製作 滝村和男 原作 岡鬼太郎 脚本 泉栄次郎 監督 滝沢英輔 製作・昭和十四年十二月 CCD番号 A一〇九四

d—9

S－八五	阿波の踊子	東宝	一〇	八七二五	製作 瀧村和男 原作 観世光太 脚本 監督 マキノ雅弘	製作 昭和十六年五月 CCD番号 A 一〇七
S－八六	山まつり梵天唄	東宝	一〇	八七二五	企画 伊藤基彦 原作 加戸野思二 脚本 岸松雄 監督 石田民三	製作 昭和十七年十二月 CCD番号 A 七

d—10

映画審査概要

○嵐の中の母　東映

「銃殺」のシーン一部（八呎）削除希望し実行された

○最後の顔役　東映

教会に於けるピストル発射の場面一部削除希望し実行された

○裸（シヤバンテス）族　三映社

現地人の性器が明瞭に見える個所削除希望し実行された（五十一個所　三三九、六呎）

○私はだまされた　大阪映画人集団

少女が裾を開いて太腿が見える所　風俗上の点から削除を希望し実行された（一・五呎）

宣伝広告審査概要

スチール

○嵐の中の母　東映

日本兵士が中國青年を銃殺刑に処する場面スチールは残酷の印象を与えるので使用中止を希望　実行された

（なお本場面は映画中に出て来るが　映画の場合は前后の関係より諒解がつくとしても　スチールの場合は独立しているので担当の専門審査員と相談の結果別個に考え上記の如く処理した）

○最後の顔役　東映

太腿を露わに出して、ベッドに横臥する女が男と語る場面スチール（番号18）は風俗上挑発的にすぎるので使用中止を希望　実行された

各社封切一覧

封切日	審査番号	題名	製作会社	備考
松竹				
二月一日	五九六	若人の誓い	松竹	
二月八日	六一八 E-三五〇	出世鳥 高峰三枝子歌のアルバム	仝 仝	
二月十五日	六一〇	とんかつ大将	仝	
二月廿二日	六一一	治郎吉格子	仝	
二月廿九日	五八九	本日休診	仝	
東宝				
二月七日		新版上映		
二月十四日	六〇六	風ふたゝび	東宝	
二月廿一日	六〇三 E-三七七	ラッキーさん パチンコ必勝法	東宝 東宝教育	

α—13

二月廿八日	五七二	南国の肌	東宝 木暦プロ	

大映

二月一日	六〇二	毒蛇島奇談 女王蜂	大映	
二月八日	六二五	阿波狸屋敷	仝	
二月十五日	六一四	呼子星	仝	
二月廿二日	五六四	あばれ熨斗	仝	
二月廿九日	六一九	生き残った辨天様	仝	

新東宝

二月八日	五九九	情炎峡	芸苑プロ	
二月十五日	六二二	犬姫様	新東宝 伊藤プロ	
二月廿一日	E-三八一	裸シャバンテス族	三映社	
二月廿二日	六二六	青空浪人	新東宝	
	S-一七七	三味線やくざ	日活	（新版）
二月廿九日	六四四	娘十八びっくり天国	新東宝	

d—14

東映

二月七日	六一三	嵐の中の母	東映
二月十四日	六一七	水戸黄門漫遊記第一部 地獄谷の豪族	仝
二月廿一日	三九七	曠野の誓い	第一映画プロ
二月廿八日	六三三	最後の顔役	東映

映画倫理規程審査記録第三十二号

昭和二十七年三月五日発行

発行責任者　池田義信

東京都中央区築地三ノ六
日本映画連合会
映画倫理規程管理部
電話築地(55)二八〇二
〇六九六番

d―16

映画倫理規程審査記録

第33号

※収録した資料は国立国会図書館の許諾を得て、マイクロデータから復刻したものである。
資料の汚損・破損・文字の掠れ・誤字等は原本通りである。

33

映画倫理規程

審査記録

国立国会
27.4.18

日本映画連合会
映画倫理規程管理委員会

目次

1 管理部からのお知らせ……a～1
2 審査脚本一覧……a～4
3 脚本審査概要……a～7
4 審査集計……c～1
5 審査映画一覧……c～3
6 映画審査概要……c～11
7 宣伝広告審査概要……c～16
8 各社封切一覧……c～17

管理部からのお知らせ

○映画倫理規程管理委員　細谷辰雄　須田鐘太両氏は今回都合により任を辞し　代って高橋吾郎（松竹製作本部事務局長）　松山英夫（大映製作調整部長）の両氏が新たに管理委員に委嘱されました・

○三月十四日の管理委員会に於て　禁止映画一部の再審査報告が特別管理委員会で左の通り行われ　その結果は直ちに関係当局に報告されました。

禁止映画再審査報告（その四）

題名	巻数	製作年月	製作	原作	脚本脚色	演出	主演
○松竹							
名刀美女丸	八	昭一九・一二			川口松太郎	溝口健二	柳永二郎 花柳章太郎 山田五十鈴

○東・宝

龍神剣	一四	昭一七・六	山下良三	吉川英治	三村伸太郎	滝沢英輔	大河内伝次郎 黒川弥太郎 花井蘭子
伊那の勘太郎	一〇	昭一七・一二	清川峰輔 押山保明	三村伸太郎	八住利雄	滝沢英輔	長谷川一夫 黒川弥太郎 山田五十鈴 市丸

○日活

水戸黄門廻國記	一二	昭一三・一〇			滝川紅葉	池田富保	片岡千恵蔵 嵐寛寿郎 阪東妻三郎 轟夕起子
天兵童子 総集版	一一	昭一六・五		吉川英治	嵯峨京太郎	組田彰造	原健作 宗春太郎 上田吉二郎

◎ネガ、プリント状態不良によって審査に堪えざるもの四本

をぢさん（松竹）　高原の月（松竹）

6—2

天狗倒し（松竹）　母よ嘆くなかれ（大映）

③現在までネガ・プリントが発見出来なかつたもの

初姿人情鳥（日活）

・これによりプリント事情により審査出来ない五本を除き　三十二作品の審査を全部終了し　関係当局への報告を終つたわけであります。

○二月二十九日附を以て　C.I.E.ニユーゼント局長より「雪之丞変化」他七作品が禁止映画からリストから除外されました　（前号　再審査報告の「其の一」に掲載されている諸作品であります）

三月十四日の管理委員会に於て　これらの作品の上映　宣伝については特に留意するよう決議されました。

審査脚本一覧

会社名	題名	受付日	審査終了日	備考
東宝	生きる	二・二七	三・一	
松竹	姉は闘う	三・一	三・四	
松竹	東京の何処かで	三・三	三・八	「その夜の妻」と改題
大映	安宅家の人々	三・六	三・八	
大京映画	暁の三十八度線	一・二三		「三十《さん》八《ぱち》度線の唄」の改題
	改訂版	三・一三	三・一〇	改訂第二稿
東宝	浮雲日記	三・八	三・一一	
東宝	金の卵（ニューフェイス物語）	三・八	三・一一	
東映	栄冠涙あり	三・一〇	三・一二	
東京映画技術研究所	太平ぢいさん	三・一一	三・一三	「春風よ吹け」と改題

宝塚映画	鏡山競艶録	三 一		「春秋鏡山城」と改題
	改訂版	三 一三	三 一五	改訂第二稿
東宝	(仮題)その夜その朝 —四十八人目の男より—	三 二二	三 二四	
松竹	銀座巴里	三 二四	三 二五	
東宝	三等重役	三 二六	三 二七	
東映	黎明八月十五日	三 二〇	三 三一	
松竹	母の願い	三 二七	三 三一	
文芸プロ	山河を越えて	三 二八	三 三一	
松竹	ガールフレンド	三 二八	三 三一	

○ 出口プロ「私はシベリヤの捕虜だった」については映画審査の項参照

◎新作品 ……… 一八

シナリオ数 ……… 二〇（内改訂版二）

内訳＝松竹 五 東宝 五 大映 一

東映 二 大京映画 二（内改訂版一）

宝塚映画 二（内改訂版一） 文芸プロ 一

東京映画技術研究所 一 田口プロ 一

◎審査シノプシス ……… 三

内訳＝東宝 二 東映 一

脚本審査概要

生きる	東宝

製作　本木荘二郎
脚本　橋本忍
　　　黒沢明
　　　小国英雄
監督　黒沢明

三十年間　市役所の淀んだ空気の中に碌々として暮してきた男が死に直面して始めて生の本然に目覚める物語

シーン52応召兵を駅頭に見送るシーンに軍歌が出るがこれは従来の如く止めて貰う（国家）

シーン65歓楽街（これは特殊喫茶と指定されてあるだけに）の客引き描写は背景描写にとどめ売春行為の暗示にならぬよう演出して欲しい（性）

シーン69のストリップ劇場は舞台の直接描写は出さない由附言があった。

東京の何処かで「その夜の妻」と改題	松竹

製作　山本武
脚本　中村定郎
監督　池田浩郎

愛する子のために罪を犯す貧しい父親の姿を描いた都会生活のエピソード

希望事項　なし

銀座巴里	松竹

製作　桑田良太郎
原作　矢田洋
脚本　陶山鉄
監督　萩山輝男

銀座並木通りを舞台に刑事と掏摸が描く活劇調のスリラア

希望事項なし

その夜その朝 “四十八人目の男”より	東宝

製作　清川峰輔
原作　大佛次郎
脚本　大佛次郎
〃　高橋博
監督　佐伯清

赤穂浪士の討入前夜　同志と訣を分った小山田庄左衛門の心境を描く

一　主人公小山田庄左衛門が武士を捨て　町人になる気持を　よりハッキリ示していただきたい。又　ラストでの彼の心境も同様より明らかにしていただきたい（社会）

二　討入りに関する描写（シーン119以下の）はおせいの主観を通して描くことは勿論であるが万が一にも仇討讃美にならぬよう極力簡略にしていただきたい（社会）

三　ラスト（シーン142）は“引上げ”でなく　全篇のテーマからいっても　庄左衛門の新生の姿で終るようにしていただきたい（社会）

鏡山競艶録

宝塚映画

製作　瀬川恭助
脚本
監督　安達伸生

鏡山藩家取りを企む悪人の策謀を挫く腰元お初の手柄話

第一稿の脚本をみるに　すでにシノプシスの時に注意を求めた点があまり顧慮されていないかに見え　まことに残念であった

ことに尾上とお初との関係を封建的な主従関係として　それを忠義と讃美し美化してみることは批判的でない故にこのましくない　この点を全体的に訂正されないとこまる

この御家騒動をたゞ正邪の葛藤としての面からのみ描いてほしいとおもうが　尾上とお初の間柄も恩義を受けたお初は尾上に人間的な尊敬を感じているだけに尾上が邪悪に負けたことが口惜しく　正義がやぶれてはならぬと云った信念から　尾上の志をついで正邪をたゞすという風にもっていってもらうより方法はないであろうかとおもわれる（勿論これはこの脚本の面から　いずれにもその方法はあろうが　一例として云ったまでであるが）

（社会）

そういう面から　仇討という印象を消すためにも　また禁止映画の点からも　シーン45に

お初が尾上を諫める例としてひく（イメージとして描かれる）假名手本忠臣蔵三段目の舞台の描写は全部やめて欲しい（社会）
それに続いてのお初の台詞の中の「お家は断絶その身は切腹し，或いはシーン58墓地ではおさきとお初の台詞の中の「この御無念をはらして下さい」「お家のために」等は訂正して欲しい（社会）（二ケ所）
尾上がシーン51で自決前の最后の独白の後へ懐剣をぬきはなつ」とあるのは　その前で止めて貰うこと（社会）
またシーン8の悪臣達の描写　及びシーン60の悪臣達の会議（殊にその中の毒殺明示の台詞など）などよろしく簡略に下されたいこと　これを仰々しく描けば封建的なお家騒動の型が刺戟的に印象づけられるかと思われる（社会）（二ケ所）
「天に代って」制裁するとか　亡き「忠臣」尾上の跡をつがせるとか　その部分を訂正して貰うこと（法律　社会）
改訂本はそれらの点を訂正　自主的にも描写が略されたところなどもあつて　一応これで完了したが　尚　完成映画に於ても十分検討したいと思う

太平ぢいさん
「春風よ吹けし」と改題

東京映画技術研究所

製作　吉田長治
原作　桑野茂
脚色
監督　桑野茂

選奨教育の劇映画

希望事項なし

栄冠涙あり

三上プロ
東映

製作　三上訓利
企画　陶山鉄
原作　北條誠
脚本　池田忠雄
〃　池田三郎
監督　佐藤武

野球に生き野球に死する職業選手生活の喜びと悲しみを描く

ム—3

希望事項なし

ニューフェイス物語 金の卵	東宝

製作　藤本真澄
脚本　井手俊郎
監督　千葉泰樹

スターとなったニューフェイスの一女性を中心に俳優生活の哀歓を描く

希望事項なし

浮雲日記	東宝

製作　本木荘二郎
原作　富田常雄
脚本　松浦健郎

明治二十一年　青雲の志を抱いて上京した純情の一青年をめぐる恋愛メロドラマ

一、シーン12　酒場の台詞の中に〈その毛唐のニセモノのような恰好〉とあるが〈毛唐〉と云う言葉は止めて貰う　（国家）

二、シーン27　冒頭からこっちあたりまで出てくる一種の排外思想めいた雰囲気は批判的に描いて貰わないと困るのでこのシーンで信介と大西との対話の中へその批判を加味して欲しい　（国家）

また　比喩として「剣をとる」と云っているのは　軍国主義的な誤解をうむ恐れあり
かつ　この時代につゞく日清　日露の侵略戦争もあること故（これは勿論こゝには出てこないが）　この比喩は他の適当なものに代えて欲しい　（国家）

三、シーン56の香具師たちの隠語は批判的な対象としてこのまゝで好いと思う

四、シーン56のラストに出るヤッツケロ節の終の部分
〈日本刀をひっさげて海外万里の果てまでも死ぬる覚悟でコラサノサ　なんと行こうじゃ行けかいな　つくせやつくせ国のためつくさにゃその時ヤッツケロー〉はその歌詞が　軍国主義的　侵略主義的な印象をうみかねまいので他のものにして欲しい　（国家）

6—5

シーン57 八幡方はグせゝ或いは八幡は暴力はきらいだとわざ／＼ことわっているが
この成り行ではもっともらしく聞こえるが　これは後で香具師たちとの対決で批判されよう
で　この台詞はこのまゝにしておく

安宅家の人々	大映

原作　吉屋信子
脚本　水木洋子
監督　久松静児

安宅家の当主たる心美しい精神薄弱者をめぐる愛情と物慾の葛藤を描く

シーン6の終りの方で
村田「……アレの方は十人前と云うのもあるがねえし
高橋「……アレの方だけ強い男ってあるもんだぜし
は半猥に付　改訂　（性）（二ヶ所）
シーン40く42　高原の場面は成るべく止めて戴きたいが　構成上絶対必要とあれば　40

43に限り　41（小部屋）はやめてつなぐ　（性）

シーン43　嘉二が鍋を壺に投げこむ所は演出注意のこと　（残酷）

姉は闘う	松竹

製作　田岡敬一
脚本　柳井隆雄
監督　池田忠雄

父亡きあとの弟妹を抱えて生活の嵐に斗う姉をめぐる恋愛メロドラマ

希望事項なし

暁の三十八度線（三十八度《さんぱち》線の唄の改題）	大京映画

製作　吉田正憲
企画　佐藤武
脚本
監督　下間登民良男

6—7

韓国留学生と日本の女性の恋をめぐつて国境を越えた愛情の姿を描く

第一稿（三十八度線の唄）の改訂稿であるが　この中に　〈国籍が違う　人種が違う〉と云う台詞が両三度出てくるが韓国人と日本人と　〈人種が違う〉と云うのは誤解をまねく心配があり　かつ　特にそれを殊更に云いたてることが必ずしも好ましくないと思われるので　この人種差別の言葉は止めて貰った　（国家）

主人公が韓国から一度東京に帰ってくるのは　もし義勇兵などで勝手に戦線離脱の感じがあって注困ると思うがこれは兵士としてではなく戦線にあって働くのであることがたしかめられたので違法にならないよう一応注意してもらった　（法律）

なお　この改訂本も一応韓国ミッションの方へ提出しておいて貰うことにした

三等重役	東宝

製作　藤本真澄
原作　源氏鶏太
脚本　井手俊郎
〃　山本嘉次郎
監督　春原政久

6—8

会社の留守居役的な所謂三等重役社長の態度をユーモラスに描くサラリーマン物

希望事項なし

黎明八月十五日	東映

製作　マキノ光雄
企画　岡田寿之
脚本　八木保太郎
監督　関川秀雄

劇的構成によって終戦前後の事情を記録したもの

これは　取扱われている題材が題材であるだけに　慎重協議の結果　製作者側とも（主として脚本の八木保太郎氏　製作責任の岡田寿之氏らと）懇談　大体以下の処置をとることに決定した

この映画は終戦時の日本の混乱を記録的に描こうとしたものと考えられるので（勿論　劇映画である以上　実在人物を描いたものでなく　フイクションとして描いたものであることは云うまでもなかろうが）冒頭に　製作意図にもかゝれているが如き内容のものを字幕としてのべられるのがいゝのではないかとつたえた　これは全篇の内容に対するひとつの

批判的観点を確定づけることともなるであろう

一、プロローグとして描かれるフラッシュ的な描写はさいごの現在の描写のエピローグと対照されると　誤解をうける恐れがあるので（主として外国感情）プロローグはやめてほしい　（国家）

二、シーン87　佐伯記者の言葉のなかに　南京虐殺を（ムコの市民を何万と）大量に殺したとのべているが　その（何万と）と云う数はやめていたゞく　主としてこれは外国感情を顧慮する結果である　（国家）

このシーンのさいご　佐伯が（そうですよ　戦争の本質は人殺しですよ）といゝ　それに続いて（だから戦争の目的をという合理化したところで）以下の戦争批判の言葉はこの際やめてほしい　（国家）

三、シーン48及び66に出る（海ゆかば）はやめてほしい　（国家）
この点は（君が代）となる旨申出でがあった

四、シーン106以下の政府首脳の動向に対して　さらに批判的な描写を加えてほしい　（国家）
これは記者の言葉によって補われることになった

五、シーン120の後半及びシーン121の空襲のシーンは刺戟的でないよう演出上注意　殊に120の

6—10

後半は除されることがこのましい　（国家）

六、シーン156の終りの（詩）は多分当時の名ある作者のものと思われるが　いずれにしても
これはやめてほしい　（国家）

七、シーン165のニュースよりとった予算委員会は吉田首相をふくむ描写にとどめられたい
（国家）。

母の願い	松竹

製作　山口松三郎
原作　小糸のぶ
脚本　伏見晁
監督　佐々木啓祐

母と三人の子供をめぐる愛情のメロドラマ

希望事項なし

6—11

山河を越えて

文芸プロ

少年とその愛犬をめぐる友情物語

希望事項なし

製作 古川進
企画
脚本 山口順弘
監督

ガールフレンド

松竹

思春期の子供を持った親達の友情を明るい家庭の雰囲気の中に描く

希望事項なし

製作 山本武
原作 林房雄
脚本 中村定郎
監督 小林正樹

審査集計

規程條項		関係脚本題名及希望個所数		集計
1	国家及社会	「生きる」	1	25
		「その夜その朝」	3	
		「鏡山競艶録」	8	
		「浮雲日記」	4	
		「暁の三十八度線」	1	
		「黎明八月十五日」	8	
2	法律	「鏡山競艶録」	1	2
		「暁の三十八度線」	1	
3	宗教	希望事項なし		0

C—1

4	教育	希望事項なし	0
5	風俗	希望事項なし	0
6	性	「生きろ」 1 「安宅家の人々」 3	4
7	残酷醜汚	「安宅家の人々」 1	1

○希望事項総数……………三二

c—2

審査映画一覧

審査番号	題名	会社名	巻数	呎数	製作	企画	原作	脚本	監督	主演
六三九	風流活殺剣	松竹	一〇	七、四八三	小倉浩一郎		中沢堅夫	丸根賛太郎	丸根賛太郎	月形竜之介 宮城千賀子
六二八	早春二重奏	松竹	一〇	七、九五六	久保光三			飯田和人	佐々木康	若原雅夫 高峰三枝子
五四七	波	松竹	一二	九、七五三	高村潔		山本有三	中村登	中村登	佐分利信 淡島千景
六二七	紅扇	松竹	一〇	八、五一三	小出孝			田中澄江	原研吉	木暮実千代 市川春代
六六五	鞍馬天狗 天狗廻状	松竹	一二	八、七八〇	小倉浩一郎		大仏次郎	八尋不二	大曽根辰夫	嵐寛寿郎 美空ひばり
六五九	伊豆の艶歌師	松竹	五	三、九六〇	久保光三			久保光三	西川克巳	佐田啓二 幾野道子

C—3

六一五	霧笛	東宝	一〇	七、二一九	田中友幸		大仏次郎	八住利雄	谷口千吉	三船敏郎 山口淑子
六二五	息子の花嫁	東宝	九	七、九二七	田中友幸			井手俊郎	丸山誠治	小林桂樹 杉葉子
六三六	おかる勘平	東宝	九	八、二五八	宮城鎮治		帝劇文芸部	八住利雄	マキノ雅弘	榎本健一 越路吹雪
五六九	雪崩	大映	一〇	七、二一九				新藤兼人	新藤兼人	藤田進 乙羽信子
六一六	修羅城秘聞	大映	一〇	八、八三八			山手樹一郎	衣笠貞之助	衣笠貞之助	長谷川一夫 轟夕起子
六〇七	長崎の歌は忘れじ	大映	一三	一二、〇六二			田坂具隆	沢村勉	田坂具隆	アーリントン ロールマン 京マチ子
六二四	魚河岸帝国	新東宝	一〇	八、六一六	佐野宏 野坂和馬		宮本幹也	戸田伊太郎	並木鏡太郎	田崎潤 花柳小菊
六四〇	惜春	新東宝	一〇	八、八〇〇	小川吉衛 高木次郎			木村恵吾	木村恵吾	上原謙 山根寿子
六四七	水戸黄門漫遊記 第二部 伏魔殿の妖賊	東映	九	七、八二〇		藤川公成	大仏次郎	村松道平	渡辺邦男	市川右太衛門 御園裕子

六四八	新選組 第三部 魔剣乱舞	東映	一〇	九、〇四七	マキノ光雄	坪井与 柳川武夫	村上元三	高岩肇	萩原遼	片岡千恵蔵 花柳小菊
六三七	君よ嘆きは捨て給え 酔いどれ歌手	東映	九	八、一七三	マキノ光雄	浅田健三 岩井金男		清島長利	春原政久	志村喬 沢村契恵子
六五二	お洒落狂女	東映 山田プロ	九	七、七四〇	山田栄一	大森康正	本田美禅	佐伯清 藤田潤一	佐伯清	河津清三郎 花柳小菊
五四八	山びこ学校	八木プロ 日本教職員組合	一一	九、四九五	若山一夫		無着成恭	八木保太郎	今井正	木村功 杉葉子
五六六	私はシベリヤの捕虜だった	シュウ・タグチ・プロ	一〇	八、〇一九	シュウタグチ			沢村勉 田部敏也	阿部豊 志村敏夫	北沢彪 田中春夫
六〇〇	夢よいづこ	新映	八	六、二四一	山名義郎			松浦健郎	小田基義	灰田勝彦 月丘千秋

六二七－T	松竹製作ニュース 第七八号	松竹		紅扇
六五五－T	〃 第七九号	松竹		鞍馬天狗 天狗廻状
五四七－T	〃 第八〇号	松竹		波

C—5

六二五－T	東宝スクリーン・ニュース No.26	東宝		息子の花嫁
六三六－T	No.27	東宝		おかる勘平
六〇七－T	大映ニュース 第一八七号	大映		長崎の歌は忘れじ（特報）
六一六－T	〃 第一八八号	大映		修羅城秘聞
六〇七－T－二	〃 第一八九号	大映		長崎の歌は忘れじ（才二報）
六五三－T	〃 第一九一号	大映		西遊記
六五八－T	〃 第一九二号	大映		娘初恋ヤットン節
S－九二－T	〃 第一九三号	大映		乞食大將
六四一－T	黄昏	新東宝		
五九三－T	西鶴一代女	新東宝		
六四一－T	上海帰りのリル	新東宝		
六四八－T	新選組 才三部 魔剣乱舞	東映		
六三七－T	酔いどれ歌手	東映		

E－三三七	狐のホームラン王	近代映画社	二	一、二八〇	漫画映画
E－四	防潮堤	日映	四	三、二三四	大阪府企画
E－三七八	資源といどむ 第一部 鋼	東宝教育	三	二、三〇〇	日本鉱業株式会社 企画
E－三八五	ビルを建てる	日映	一	八〇〇	ブリジストンタイヤー株式会社 企画
E－三八七	われらの叫び	理、研	一	五八〇	第三回全國遺族大会の記録
E－三八九	炉は再び燃えぬ	電通	二	一、七五〇	労働省労政局労働教育課 企画
E－三九〇	我輩は犬である	モーションタイムズ	二	一、五〇〇	狂犬病予防映画
E－三九二	結核の生態	日映科学映画製作所	二	一、七九八	
E－三九三	スポーツ・ダイジェスト 第十三号	プレミア	一	七五〇	
三－二九四	新しい村	茨城県弘報課	二	一、四〇〇	茨城県企画課 企画

六五二－T	お洒落狂女	東映		特報
六五二・T－二	お洒落狂女	東映		第二報

E－三九五	伸びゆく大阪	日映	三	二、五〇〇	大阪府 企画
E－三九七	百円札の話	日映科学映画製作所	一	五五〇	電力は國の宝運動本部 企画
E－四〇四	電力は國の宝	岩波映画製作所	一	三〇〇	電力は國の宝運動本部 企画
E－四〇五	労働ニュース第四集	理研	一	九〇〇	労働省労政局労働教育課 企画
E－四〇六	ムービー・アド 第十三号 オンワード	電通映画社	一	一八五	樫山株式会社 企画
E－四〇八	佛陀	三幸映画社	四	二、八五〇	調色彩絵映画
E－四一三	踊る京マチ子 歌う乙羽信子	大映	三	二、二六六	旧映画から抜萃編集
E－四一六	スポーツ・ダイジェスト第十四号 國營競馬大レース特集	プレミア	一	六〇〇	
E－四一七	雪の楽園	北日本映画株式会社	一	九〇〇	
P－一九八	ムービー・タイムズ 第一九八号	プレミア			
P－一九九	〃 第一九九号	〃			
P－二〇〇	〃 第二〇〇号	〃			

P-二〇一	ムービー タイムズ 第二〇一号	プレミア				
S-八九	燃える魂	東都映画	一〇	七、九一一	原作 八田尚之 脚本 監督 重宗務	製作 昭和十二年一月 CCD番号 A 一五二七
S-九〇	荒神山	東都映画	六	三、九三三	製作スタッフ不明	製作 昭和十二年一月
S-九一	三日月仁義	東都映画	八	五、〇四六	原作 村上浪六 脚本 重政順 監督 後藤岱山	製作 昭和十二年一月
S-九二	乞食大将	大映	七	五、六六一	製作 浅野辰夫 企画 松山英夫 原作 大仏次郎 脚本 八尋不二 監督 松田定次	製作 昭和二十年
S-九三	続清水港	日活	一〇	八、五九四	脚本 小国英雄 監督 マキノ雅弘	製作 昭和十五年七月
S-九四	弥次喜多道中記	日活	一〇	八、七九〇	脚本 小国英雄 監督 マキノ雅弘	製作 昭和十三年十一月

C —9

S－九五	雪之丞変化 [illegible]	松竹	一三		原作 三上於菟吉 脚本 伊藤大輔 監督 衣笠貞之助	製作 昭和十年
S－九七	姿三四郎	東宝	九	八、七二二	製作 松崎啓次 原作 富田常雄 脚本 監督 黒沢 明	製作 昭和十八年三月
S－九八	虎の尾を踏む男達	東宝	六	五、二二九	製作 伊藤基彦 原作 脚本 監督 黒沢 明	製作 昭和二十年八月
S－九九	富士に立つ影	大映	十	八、二五四	原作 白井喬二 脚本 八尋不二 監督 池田富保 〃 白井戦太郎	製作 昭和十七年十二月

C－10

映画審査概要

〇 霧笛　　東宝

(1)浴場（脱衣室）のシーンで　裸体の男が出ているところ　風俗上好ましからず十五呎削除希望し実行された

(2)船底に於ける銃殺のシーンも残酷の感じ深く　然るべくカットを希望し　その結果二ケ所（七呎）削除されることになった

〇 君よ歎きは捨て給え　酔いどれ歌手　　東映

売春暗示のシーン　及び台詞二ケ所削除を希望し実行された

〇 山びこ学校　　八木保太郎プロダクション　日本教職員組合

父が無着成恭に対して　お前の教育は「赤」じゃないのかと他人の噂を伝えるところは自主的に「赤」は「無茶だ」に入れ代えて貰った　（すでにその代用カットが準備してあった）　自治会のあと　トンコ節を歌うのは教育の対象としてであり　「泣いて帯とく四

豊半」の件も好ましくないが　右の理由でそのまゝとした　「お光りさま」に対して当該宗教団より製作者に抗議があったようであったが　ここに描写されている限り　当規程が世間の良識の公正な観点にたつものとしてこれに準據してみても　何ら向題とは認め得ないものであると思われる

○　私はシベリヤの捕虜だつた　シュウ・タグチプロダクション

この作品の第一稿は昨年十月二十三日に提出された　映倫としては慎重研究の結果　外地に取材する他の作品の場合と同様に　慣例通りの手続きを踏んでいただくか　それが不可能ならば国際感情及び時期的な点で　現在これが映画化は考慮してほしい旨を述べて了解を求めた．処が製作者側はロケーションの時期その他の理由からそのまゝ製作に着手され　越えて二月九日に改訂稿が提出された．これによつて改めてディスカッションを継続中の処　更にラッシユ．プリント完成に付　内審されたいとの申出があり　当方ではこれをもつて脚本ディスカッションに代えることにした．その結果　この作品の基本的な線は正副委員長以下全員異議なく了承することに一致し　只　二三の細かい点の修正を希望するにとどまつた．それは　この作品が人道主義に立脚するものであるという点から　捕虜達が犬と兵隊に追われて行くシーンの解説の言葉　労協のシーンの「ハタラク――」ど

いう兵隊の言葉　又　現実にある政党の名前は使用しないという慣例から「日本共産党」の日本の二字　以上である。

尚　改訂稿は第一稿に比して　国際感情その他の面で　著しく緩和されていることを附記する。

○結核の生態　　日映科学映画製作所

摘出した疾患部の肺臓をガーゼにのせて　内部を見せるためにナイフで切る描写あり　やゝ残酷な印象の恐れがないとは云えまいが　これは科学的な啓蒙映画であり　その他にも全体から云つてこの程度はもつてよしとして好いかと思われる。

○三日月仁義　　東都映画

赤児の咽元に刃を擬して刺さんとする所　削除希望し実行された

○荒神山　　東都映画

最後の立廻りの場面一部及び「長脇差の華」というアナウンス　削除希望し実行された

c―13

◯乞食大将　　大映

「復讐」及び「武士の美化」と云う封建的な感じを強くする為に　次の二項を削除希望し実行された。

(1) 第三巻中　宇都宮（花若）が去りゆく又兵衛に決意を示すシーン

(2) 第六巻中　鶴姫と朝末（成長した花若）の対話中　鶴「我等が親は黒田殿」から　鶴「朝末!!」迄

◯續清水港　　日活

やくざ讃美とみなしうる浪曲の部分　及び復讐の印象を与える黒駒身内の台詞二ヶ所（九九呎及び二〇呎）を除いて貰った。

内容は現代の演出家が夢を見た形になっており　石松の愚しさが批判的に出ていて問題はない　ただこれによって　次郎長をめぐる話すべてが問題ないと云うことになるのではない　これは今后　やくざ者としてその都度批判的な扱いをしてゆけばよいのである。

◯弥次喜多道中記　　日活

これは喜劇的な時代劇であるが　刺青判官と　ニセ者と本者の鼠小僧　それに弥次㐂多をからませた単純な娯楽映画と云い得べく　よって次の部分を取り除いて貰った。

(1) 金四郎の刺青のアップのカット一ヶ所（他にそれとなく出るカットは残した）八呎

(2) 義賊肯定となる台詞（金四郎裁きの場）二〇呎余

○雪之丞変化　松竹

総集篇革版

女賊の台詞の一部に「紅い悪の毛唐は」と云うところ　及び劇中舞台の「忠臣蔵」のラスト「各々勝どき・」という台詞とその描写カット全部を除けば　問題なしとする。

○姿三四郎　東宝

三四郎に柔道の精神の真髄をとく台詞の中にある人間の道は「忠孝の道」だという部分を抹消して　あとは問題なしとする

○虎の尾を踏む男達　東宝

何ら改訂するところなし

○富士に立つ影　大映

冒頭　幕営に於いて当時の外交的環境を将軍に説明する松平定信の台詞の中　外国感情にふれると思われる二ヶ所を除いて貰った（六六呎）　これは歴史的な事実ではあるがその取り上げ方にやゝ刺戟的な印象を与えるかと考えられたからである

宣傳広告審査概要

○

該当事項なし

各社封切一覧

封切月日	審査番号	題名	製作会社	備考
松竹				
三月七日	六三九	風流活殺剣	松竹	
三月十三日	六二八	早春二重奏	松竹	
三月二十日	六二七	紅扇	松竹	
三月二十七日	六五五	鞍馬天狗 天狗廻状	松竹	
東宝				
三月五日	六一二	霧笛	東宝	
三月十四日	六二五	息子の花嫁	東宝	
三月二十一日	六三六	おかる勘平	東宝	
三月二十八日	六〇〇	夢よいずこ	新映プロ	

C—17

大映

三月五日	五六九	雪崩	大映	
三月十三日	五〇〇	花荻先生と三太	劇団民芸 モーションタイムズ	
三月二十日	六一六	修羅城秘聞	大映 新演技座	
三月二十七日	六〇七	長崎の歌は忘れじ	大映	

新東宝

三月十三日	六二四	魚河岸帝国	新東宝	
三月二十一日	S―九四	弥次喜多道中記	日活	(新版)
三月二十八日	六四〇	腊春	新東宝	

東映

三月六日	六四七	水戸黄門漫遊記第二部 伏魔殿の妖賊	東映	
三月十四日	五二六	高原の悲歌	ニユーカレント プロ	
三月二十一日	六四八	新選組第三部 魔剣乱舞	東映	

C—18

三月二十七日	六三七	君よ歎きは捨て給え 酔いどれ歌手	東映	
三月十四日	三〇一	箱根風雲録	新星映画 前進座	北星映画配給

C—19

映画倫理規程審査記録　第三十三号

昭和二十七年四月五日発行

発行責任者　池田義信

東京都中央区築地三ノ六

日本映画連合会

映画倫理規程管理部

電話築地(55)二八〇二
〇六九六番

映画倫理規程審査記録

第34号

※収録した資料は国立国会図書館の許諾を得て、マイクロデータから復刻したものである。
資料の汚損・破損・文字の掠れ・誤字等は原本通りである。

34

映画倫理規程

審査記録

27.[illegible].1〜27.4.5

27.5.14

日本映画連合会
映画倫理規程管理委員会

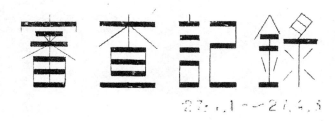

目次

1 管理部からのお知らせ …… a〜1

2 審査脚本一覧 …… a〜8

3 脚本審査概要 …… b〜1

4 審査集計 …… c〜1

5 審査映画一覧 …… c〜3

6 映画審査概要 …… c〜11

7 宣伝広告審査概要 …… c〜14

8 各社封切一覧 …… c〜15

管理部からのお知らせ

一、前号でお知らせ致しました「雪之丞変化」他七作品の禁止映画解除に引続き、四月九日附を以てＣＩＥニユージエント局長より左の十七作品が禁止映画のリストから除外されました。

〇東宝

越後獅子祭　水戸黄門漫遊記　磯川兵助功名噺　ロッパの大久保彦左衛門

〇大映

江戸の朝霧　護る影　五重塔　火砲の響　思い出の記

海猫の港　山参道　或る病院の出来事

〇日活

恋山彦　風雲将棋谷　柳生大乗剣　江戸最後の日　鳥人

二、講和発効を控え　禁止映画　未検閲映画の今后の処置について　ＣＩＥニユージエント局長より映連に対し「映倫がこれまで諸問題を解決したと同様に円滑に処置されるものと信ずる旨左の如き書簡が寄せられました。

一　禁止映画の措置について

二　ＣＣＤ検閲を得ていない映画について

連合軍総司令部民間情報教育局（ＡＰＯ五〇〇）

一九五二、四、二八　（ニウジエント局長）

○

戦前又は戦時中に製作された映画で　ＣＣＤの検閲により許可にならなかつたもの及上映不適当と判定された理由によつてその配給を撤回されたものに関して通知するこれ等二種類の映画の措置について公的な調整を要求する性質のものであるか　どうかは疑問である

日本映画連合会と　その機関である映画倫理規程管理委員会によつて　映画産業が、私的独占の禁止及公正取引の確保に関する法律しを侵すことなく　諸問題を解決したと全く同様に　この問題も円滑に解決されるものと思われる

映画産業に於ては　映倫の番号なしでは配給興行はしないという紳士協約がなされてい

ることを聞いている
同協約は　全映画にして映倫番号のないものに対しては　映画所有者をして映倫番号を
申請させるよう　協力を要望していると見受けられる
審査の申込手続は　簡単で　又同委員会は常に妥当な判定によって審査を行っているこ
とは周知の通りである
よって　上映適当と判定される見込のない映画は別として　映画の所有者が審査に応じ
ないと云うことはあり得ないと信ずる
映画の所有者の大多数は　映画連合会の会員であるから　協力は容易に得られると思う
映画産業の主要政策に非協力的で　映倫番号なしで映画を公開する事を許せぬ小数の独立興
行者があるかもしれない　その映画が刑法のワイセツの條項に触れない限り法的な制裁
は困難である　しかし　これによって　多数の映画が捲き込まれ　映画産業の社会的信
用に多大な被害を加えるとは思われないが　このことはまことに遺憾なことである
映画倫理規程の管理による活動に有效であった種々の指令は講和條約の效力発生と共に
消失する　この二種類の映画の措置については日本映画界が希望するすべてが　效果的
に且つ賢明公正な方法を以て打遂げられることを確信する

三、

四月二十八日　講和発效独立の日を迎えて　大谷映連会長は左の如きメッセージを発

表し　この日の喜びと独立後に於ける映画界の抱負を明らかにしましたが　映倫管理委員会に於ても四月二十五日の定例会議に於て今后一層の精励を申し合せ　渡辺委員長は二十八日　大谷会長と同じくメッセージを発表「映画倫理規程」の運営に関し独立後に於ける決意と方針を闡明致しました

講和獨立の日を迎えて

日本映画連合会
会長　大谷竹次郎

暗黒と混乱の戦争時代が幕を閉じてこゝに七年　いよいよ国民待望の講和独立の日を迎えることとなりましたのは　私どもの何ものにも換え難い喜びであります。

輝かしい人間的権利のすべてを圧制の下にじゅうりんし去った封建時代から　生活の喜びと幸福を認う民主制度への移行ということは　歴史の流れの必然とは云い條　人間の心構えの根本の問題でありますから　しかく単純に実現を見ることではありませぬ　この七年間　国民の日夜に亘る心労と努力がすべてこの一点を目指して続けられたことは今更申すまでもありませぬが　常にその背後には　関係当局の好意ある援助と指導が　強力にそ

の建設を支えて参つたのであります　特にわが映画界に於ける如く　自らの内部にある封建的残滓と　強大なる政府統制の力に悩んで参つたものに対してこの間に於ける民間情報教育局の熱誠溢るる支援と補導が　如何にその甦生と革新に寄与したかは殆ど言葉に盡せず　今は満腔の謝辞と敬意を以てこれに応うるほかはないのであります。

凡そ　独立という、　自由という場合に　最も大切なることは　独立心そのものの確立であります。独立心とは大らかに自らの活動の自由を何ものにも制御せらるることなく駆使すると共に　その行動に対して社会的責任を確保する精神であります。映画界がこの自覚と決意を最も単的に表示致しましたものは　「映画倫理規程」の制定とその自主的管理でありました。幸いに過去三年間　絶大なる社会的支援の下に着々所期の成果を挙げて参つたことは　私共の最も喜びとするところであります。

私どもは祖国独立の記念すべき日を迎うるに当り　映画の持つ社会的機能を最大に発揮すべく国際社会に飛躍する日本文化発展の一翼を担つて　着実に建設の歩を進めて行きたいと存じます。

※　※　※　※　※　※

講和発効と映画倫理規程

日本映画連合会
映画倫理規程管理委員会
委員長　渡辺鉄蔵

昭和廿年八月　太平洋戦争の終結と共に　連合軍の占領が開始せられてより茲に七年　この間　わが映画界に於きましては　特に民間情報教育局の懇切なる指導と援護を得て　永い間の政府統制の束縛を離脱すると共に　着々新しき時代に対処する体制をと、の昭和廿四年六月には　映画の持つ社会的影響力の重大性を自覚して「映画倫理規程」を制定し　自主的にその運営管理に当って　他の文化各界にさきがけ　自らの手によってその文化性を保持すると共にその対社会的責任の確立を図って参りましたことは既に御承知の通りであります。

今や全国民の喜びの中に講和独立の日を迎え　わが国が再び国際社会の一員として世界文化に寄与する資格を回復することが出来ましたことは私どもの何ものにも換え難い喜びでありますと共に　文化振興の一翼を担う日本映画の責任亦重きを加えることを痛感致します。

「映画倫理規程」管理委員会は　此際　過去三ヶ年に亘る努力と業績に鑑み　飽くまで発足の日の決意を堅持し　その制定の精神に則り　規程に基く審査方針の遂行を期し　以て映画の有する社会的機能の昂揚に努めたいと考えております．社会各層の方々の一段の御支援と御協力を切望して止みませぬ．

α－7

審査脚本一覧

会社名	題名	受付日	審査終了日	備考
松竹	黄色い靴	三、一	四、三	
松竹	魔像	三、二〇		
〃	仝 自主改訂版	四、四	四、五	
東映	赤穂城	三、一五		
〃	改訂版	三、二五	四、三	改訂第二稿
新東宝	チャッカリ夫人とウッカリ夫人	四、二	四、四	
東宝	旅愁	四、三	四、七	
東宝	若い人	四、三	四、七	
松竹	腰抜け伊達騒動	四、五	四、九	
大映	銭形平次捕物控、地獄の門	四、七	四、九	

a—8

松竹	月形半平太	四 七	四 九
東映	恋風五十三次	四 七	四 九
大映	いついつまでも	四 七	四 九
新東宝 えくらん社	貞操の街	四 九	四 一〇
松竹	幻なりき	四 一〇	四 一一
松竹	華かな夜景	四 一〇	四 一一
東宝 滝村プロ	やぐら太鼓	四 一一	四 一四
宝プロ	天草秘聞 南蛮頭巾	四 一一	四 一四
宝塚映画	私の狙った男	四 一四	四 一六
新教映	母のない子と子のない母と	四 一六	四 一九
新教映	すゞらんの鐘	四 一六	四 一九
新東宝 東京プロ	若奥様は御立腹	四 一七	四 二一
大映	滝の白糸	四 一九	四 二一
松竹	お茶漬の味	四 一九	四 二三
新東宝 綜芸プロ	右門捕物帖 謎の血文字	四 二一	四 二四
中村弘高プロダクション	踊る街	四 二二	四 二四
大映	猛獣使いの少女	四 二三	四 二五

ス — ク

新映	母を恋う歌	四 二三	四 二五	
東宝	思春期	四 一〇		
〃	改訂版	四 二五	四 二六	改訂第二稿
東宝	その夜その朝 自主改訂版	四 二五	四 二六	改訂第二稿
松竹	お景ちゃんと鞍馬先生	四 二五	四 二八	
東映	はだか大名 前篇	四 二八	四 三〇	

◎新作品……………………二九

シナリオ数……………………三二（内改訂版三）

内訳＝松竹 八　大映 四　東宝 六（内改訂版二）

新東宝 四　東映 五（内改訂版一）　宝塚映画 一

新数映 二　中村及高プロ 一　新映 一

審査シノプシス……………………一

内訳＝東宝 一

脚本審査概要

黄色い艶
松竹

製作 脚本　大町龍夫
原作　井上靖
監督　弓削進

黄色い艶を持つ四人の男女が描く四つの人生図

希望事項なし

魔像
松竹

製作　小倉浩一郎
原作　林不忘
脚本　鈴木兵吾
監督　大曽根辰夫

腐敗した柳営御書院番の粛正に起つ正義の剣士をめぐる大岡政談

この脚本は脇坂山城守等 幕府内部の腐敗に対する神尾喬之助の反抗を描くものであるが
それにしては 脇坂等の悪業や幕府の失政が十分に描かれていないことが第一に困ると思う
この点を先ず改訂して戴くことを希望した（社会）
次に神尾喬之助が脇坂以下十七人を次から次へ 圧倒的に斬り殺すのもこれでは暴力讃美の
印象を与えるのみで この点も大改訂をして貰うよう希望した （社会）
そして その二点につき改訂された第二稿により 更に審査を行い その第二稿に於いても
十分でない神尾喬之助の圧倒的な殺人のくだりは結局製作者側に於いて十七人は殺されたの
ではなく 捕縛されたことに改訂し審査を完了した

赤穂城	東映

製作 マキノ光雄
企画 玉木潤一郎
〃 坪井与
脚本 民門敏雄
監督 萩原遼

所謂元禄の刃傷事件に処して事態の収拾に当る大石内蔵助と赤穂城の人々の動きを描く

8—2

製作意図は幕府の失政悪政に対する反抗と云うことにあつて　吉良個人に対する怨恨とか復讐などを描くものではないと云うことであるので　忠臣蔵を取扱うものではあるが　敢てこの脚本の審査を行うことにした　もつとも忠臣蔵と云つても　これは所謂松の廊下より始まつて赤穂城明け渡しに終るものであつて　吉良邸討入りには全然触れてはいない

そしてこの脚本に関する希望事項は次の如きものである

(1) 松の廊下の場面は　他の脚本では討入りにつながる前提と見て削除して貰つている場合もありそれだけに慎重に取扱つて貰いたい　即ちこの脚本ではこの場面の結果として討入りがあると云う風には描かれていないとしても　幕府の腐敗した政治を描く為に松の廊下の場面を必要としたのであるから　その点よりして絶対に松の廊下の場面を描くことが本来の目的であると云う感じにならぬよう十分に注意して欲しい（法律）

(2) 切腹はこの場合自殺行為ではなく刑罰であるから　全体として　そのような感じであるようにして貰いたい　華々しく切腹する感じは絶対に避けて欲しい　それ故結局切腹場のシーンは全部削除しなければならないと思う（社会）

(3) この脚本は城明け渡しで終る訳で討入りのことには及んでいないのであるが　しかし討入りは既定の事実であるから　全然無関心であることは困ると思う　たゞ復讐に関する新解釈のようなものや　批判やらが少し多過ぎる感じであるから　その点適当に改訂して貰いたい　結局この城明け渡しのところは　大石としては全然吉良を討つ意志なき人として終

a—3

ることを明瞭ならしめ　全然討入りの気配は感じさせることなく幕府の悪政に対する反抗を残しただけで終ることが望ましいと思う　（法律）

(4) 封建的なる主従関係をやゝ過度に感じさせる危険があるので　その点そのように感じさせると思われる台詞は極力改訂して戴きたい　又演出上でも十分に注意して欲しい　（社会）

以上の希望事項に　脚本を十分合致させて貰う為に　改訂脚本は才三稿に及び　漸くこの審査を完了した

チャッカリ夫人とウッカリ夫人	新東宝

製作　佐藤一郎
原作　市川三郎
〃　佐々木恵美子
〃　梅田晴夫
脚本　仲谷良平
監督　渡辺邦男

郊外の住宅地に描かれる明るいユーモラスな家庭生活風景

本篇中にしばしば流行歌が歌われることになっているが　その歌詞は猥雑なものでなくして欲しい（風俗・教育）

旅愁	東宝

製作　藤本真澄
〃　上林吾郎
原作　横光利一
脚本　新藤兼人
監督　吉村公三郎

パリと日本の風物を背景として　二組の男女を中心に旅路に生れた恋愛をめぐる精神的葛藤を描く

シーン54の終りの部分（久慈と真紀子がベットに入っている個所）は風俗上の点で再考されたい（風俗・性）

若い人	東宝

製作　藤本真澄
原作　石坂洋次郎
脚本　内村直也
〃　和田夏十
〃　市川崑
監督　市川崑

欲楽の環境に育った特異な性格の一女性と若い男女教師の心理的葛藤を描く

(1) シーン41「エロがかった話でも何んでも……」は教師の言として不謹慎であり　教育を軽視したように見えるので　もっと抽象的な台詞に変更を希望（教育）

(2) シーン47「よく打明けてくれた　骨を折るよ……」の「骨を折るよ」は右の意味で削除を希望（教育）

(3) 間崎と恵子の接吻は　教師と生徒の恋愛行動であるから　教育上の見地から演出を慎重に願いたい（教育）

腰抜け伊達騒動	松竹

製作　石田清吉
原作　籔谷貞一
脚本　伏見晁
〃　森田龍男
監督　斉藤寅次郎

伊達家にはびこる悪人一味の連判状の争奪を描く喜活劇

最後の伊達安芸　切腹の件は改訂されたい（社会）

銭形平次捕物控 地獄の門	大映

原作　野村胡堂
脚本　伊藤大輔
監督　森一生

埋蔵金の秘密をめぐる殺人事件を解決する銭形平次の活躍物語

希望事項なし

月形半平太	松竹

製作　小倉浩一郎
〃　市川哲夫
原作　行友李風
脚本　鈴木兵吾
〃　永江勇
監督　内出好吉

幕末の京洛を舞台に　情熱の志士月形の活躍を描く

この脚本は　その第一稿を内審のかたちで感想を述べておいたが　提出された脚本は　この限りでは問題はないと考えられる
たゞ四五ケ所にわたって出る殺陣は　過度にならないよう演出の際注意を願いたい（社会）

恋風五十三次	東映

製作　山田栄一
企画　西原孝
〃　永田清一郎
原作　伊丹万作
脚本　依田義賢
監督　中川信夫

東海道を上る弥次郎兵衛　喜多八の明朗道中記

シーン38　「曽我兄弟は親の仇を討つのに十八年も苦労したじゃないか」の「親の仇を討つりに」だけを削除希望した（法律）

いついつまでも	大映

脚本　ポール・H・スローン
監督

米軍兵士と日本娘の恋愛問題を通じて国境と生死を超えた永遠の愛のこゝろを描く

希望事項なし

貞操の街	新東宝 えくらん社

製作　松本常保
脚本　舘岡謙之助
〃　岡田豊
〃　荘原良三
監督　志村敏夫

大都会に展開する物慾と愛情の人生縮図を描くメロドラマ

問題とすべきものはないが　中にキヤバレーのフロアショウの描写あり　脚本では分らないのでこれは完成映画に於いて十分検討したい

たゞ規程を十分考慮して演出されることが望ましい（風俗）

約なりき	松竹

製作　山口松三郎
原作　吉屋信子
脚本　橋田寿賀子
監督　岩間鶴夫

愛児を日本に残して中國に帰化した一婦人をめぐる母性愛物語

希望事項なし

華かな夜景	松竹

製作　小出　孝
原作　北條　誠
脚本　柳井隆雄
監督　原　研吉

老いて尚一秘書として社長に仕えるサラリーマンの悲哀と父性愛を描くメロドラマ
シーン18以後に　インチキ宗教として〈〇〇教〉というのが出てくるが　この仮名はなるべく現存の新興宗教にまぎらわしくないものをあてはめてほしい（宗教）

やぐら太鼓	東宝 滝村プロ

製作　滝村和男
原作　長谷川幸延
脚本　小国英雄
〃　松浦健郎
監督　マキノ雅弘
〃　滝沢英輔

引退した老力士をめぐる相撲道の人情物語
希望事項なし

e—10

天草秘聞
南蛮頭巾

宝プロ

脚本　木下藤吉
〃　吉村公三郎

寛永の頃　幕府の圧制に抗して天主教擁護の信念に生きた天草四郎の蹶起を描く

希望事項なし

私の狙った男

宝塚映画

脚本　倉谷勇

姉を死に到らしめた無頼漢を狙う若い女が　人々の愛情と努力によって妄執を断ち健康な生活にめざめる物語

喜劇であるから問題はないが　花長という親分の出し方が　やくざの存在を肯定させる恐れがあるので　その取扱いの訂正を希望した（社会）

8―11

母のない子と子のない母と
新教映

製作 菅 義 雄
〃 八 名 正
企画 劇団民芸
原作 壺井栄
脚本 久板栄二郎
監督 若杉光夫

風光美わしい小豆島に描かれる子供と大人の愛情に満ちた生活譜

希望事項なし

すゞらんの鐘
新教映

製作 八 名 正
企画 菅 義 雄
脚本 岡 田 陽
監督 若杉光夫

学芸会風に構成された教訓お伽劇

希望事項なし

若奥様は御立腹

新東宝
東京プロ

製作　佐野　宏

脚本　小國英雄

監督　マキノ雅弘

人間的に冷い教育事業家たる婚家を去って　真実の愛に満ちた結婚を求める一女性を描く諷刺メロドラマ

希望事項なし

瀧の白糸

大映

原作　泉　鏡花

脚本　依田義賢

監督　野淵　昶

水芸の女太夫と若き法律書生をめぐるラブ・ロマンス

希望事項なし

お茶漬の味	松竹

製作　山本武
脚本　野田高梧
〃　小津安二郎
監督　小津安二郎

中年の夫婦生活の心理を描く現代風俗図

〝遺骨を抱いて〟の歌は研究することとして他はOKとした

右門捕物帖 謎の血文字	新東宝 綜芸プロ

製作　竹中美弘
原作　佐々木味津三
脚本　安達伸生
監督　荒井良平

幕府倒壊を企む島原の残党を掃滅するむっつり右門の活躍物語

希望事項なし

踊る街　中村弘高プロ

製作　宇佐美実
企画　日本タップ協会
原作　森野嘉津樹
脚本　松川英二郎
監督　中村弘高

タップダンスの巧い放浪者をめぐる軽喜劇

一、ストリップのシーンは出さぬこと（風俗）
二、ギャングが逮捕されないのは好ましくないと思われるので解決をつけてほしい（法律）

猛獣使いの少女（「サーカスの少女」の改題）　大映

企画　根岸省三
脚本　井手俊郎
〃　井上梅次
監督　佐伯幸三

アメリカン・サーカスの人気者の少女と放浪の父親をめぐる愛情物語

希望事項なし

母を恋う歌	新映

企画　太塚　和
脚本　山崎謙太
〃　高柳春雄
監督　並木鏡太郎

うらぶれた女芸人とその娘をめぐる母性愛メロドラマ

希望事項なし

思春期	東宝

製作　田中友幸
脚本　棚田吾郎
〃　丸山誠治
監督　丸山誠治

刺戟的な環境と解放の時代に混迷する思春期の少年少女の行動と指導者の苦心を通じて性教育の問題を衝く

この作品のテーマは　シーン140で原田先生が云う「今回の事件は子供達の責任と云うより正しい性教育と好い環境を作る事を怠った教師の責任であり　親達の責任ではないでしょう

かヽと云う言葉であるが　作全体から受ける感じでは　この点が明らかでなく　為に末梢的な部分（例えば飲酒とか　ダンスとかの）のみ浮き上って好ましくない影響を与える危険があるので　このテーマをはっきり表わすように改訂されたい（教育）

尚　脚本並びに演出の上で考慮を要すると考えられる場面は以下の通りである（主として男女生徒の描写）

(1) シーン8　鶏に関する問答（性・教育）
(2) シーン15　女生徒の裸の描写（風俗）
(3) シーン17　それに関する男生徒達の会話（風俗・性）
(4) シーン28　真弓と京子の裸体礼讃の言葉（風俗）
(5) シーン42　春雄達の祝賀会の場面（風俗・教育）
(6) シーン47　春雄が女中の着換を見る描写（風俗・教育）
(7) シーン51　ストリップのあくどい裸体画のポスター（風俗）
(8) シーン63　真弓のハンドバッグから避妊薬が落ちる件（教育）
(9) シーン65　春雄と真弓の描写（風俗・性・教育）
(10) シーン67　明が産婦人科講義書を見る描写（性・教育）
(11) シーン96　明と澄子の描写（風俗・性・教育）
(12) シーン102　真弓が夫婦雑誌を読む件（風俗・性・教育）

8—17

(13) シーン110 ストリップの舞台（風俗）

(14) シーン117 教師原田の台詞の中「あいつら」（春雄達を指す）と云う言葉（教育）

(15) シーン131 同じく「いつごろから遊んでたんだ？」と云う言葉（性・教育）

尚 製作者側からは予め次の二項の申出があった

(1) 中学校は高等学校に訂正する

(2) 明と登子は関係が生じないことにする

以上により改訂稿が提出されたが これでは懸念された点は総べて訂正され テーマもより明らかになったので 次の点を申述べるにとどめた 即ち

(1) シーン36 地方色の濃い淫猥な踊り（風俗）

(2) シーン64 真弓と春雄の描写 尚「真弓ちゃん いったろう？」以下は削除した方が好いと思う（風俗・性・教育）

附言するまでもないが 作の性質上演出は充分慎重にやって戴きたい旨を念の為に申し添えた

その夜その朝（自主改訂版）	東宝

第一稿と格別大きな変化はないが　主人公小山田庄左ヱ門の動きは別として　冒頭に松の廊下が増えたり　田村邸が挿入されたり　浪士たちが仇討の決意を叫ぶ場面が加えられたりしている　これ等は個々としては兎も角　全体として　稍々逆行の感を受けるのは非常に残念である　これでは最後の討入に関する部分（火事装束に改めて以後の）も　これのみ浮上って仇討礼讃の感を与える恐れがある　こゝは第一稿で申し述べたように　あくまでおせいの主観を通して　しかも極力簡略にして戴かなければならない（法律）

要するに　恋の為に脱落する庄左ヱ門はよいとして　それはそれとして仇討は仇討で礼讃的に行われると云うのでは困るのであるから　この点製作者側の充分なる反省と考慮と改訂を厳に希望した

お景ちゃんと鞍馬先生	松竹

製作　小倉武志
原作　中野実
脚本　津路嘉郎
〃　長瀬喜伴
〃　池田三郎
監督　瑞穂春海

流行歌手と雑誌記者をめぐる恋愛喜劇

希望事項なし

はだか大名

前篇

宝プロ

企画　高村將嗣

原作　山手樹一郎

脚本　木下藤吉

監督　渡辺邦男

家を奪われ市井に隠れた大名の若殿が蹶起して当主の暴状を懲す物語

希望事項なし

ℓ—20

審査集計

	規程條項	関係脚本題名及希望個所数		集計
1	国家及社会	「魔像」	2	7
		「赤穂城」	2	
		「腰抜け伊達騒動」	1	
		「月形半平太」	1	
		「私の狙った男」	1	
2	法律	「赤穂城」	2	5
		「悲風五十三次」	1	
		「踊る街」	1	
		「その夜その朝」	1	
3	宗教	「華かな夜景」	1	1

C—1

番号	項目	希望事項	件数	計
4	教育	「チャッカリ夫人とウッカリ夫人」	1	16
		「若い人」	3	
		「思春期」	12	
5	風俗	「チャッカリ夫人とウッカリ夫人」	1	16
		「旅愁」	1	
		「貞操の街」	1	
		「踊る街」	1	
		「思春期」	12	
6	性	「旅愁」	1	9
		「思春期」	8	
7	残酷醜汚	希望事項なし		

○希望事項総数……………………五四

審査映画一覧

審査番号	題名	会社名	巻数	呎数	製作	企画	原作	脚本	監督	主演
六四三	東京騎士傳	松竹	八	七、八六五	田岡敬一		光畑碩郎	長瀬喜伴	瑞穂春海	鶴田浩二 角梨枝子
六六四	その夜の妻	〃	五	二、六三七	山本武			中村定郎	池田浩郎	伊沢一郎 水原真知子
六六一	相惚れトコトン同志	〃	九	六、九二二	小倉武志		鹿島孝二	川島雄三	川島雄三	高橋貞二 岸恵子
六五六	二つの花	〃	一〇	八、三五七	小出孝		永井龍男	沢村勉	大庭秀雄	高峰三枝子 若原雅夫
六七四	銀座巴里	〃	五	三、六三六	桑田良太郎		矢田洋	陶山鉄	萩山輝男	高橋貞二 岸恵子
六七二	魔像	〃	一一	八、八二三	小倉浩一郎		林不忘	鈴木兵吾	大曾根辰夫	阪東妻三郎 山田五十鈴
六二三	お国と五平	東宝	一〇	八、一五六	清川峰輔		谷崎潤一郎	八住利雄	成瀬巳喜男	木暮実千代 大谷友右ヱ門

c — 3

六六六	浮雲日記	東宝	一〇	八〇五九	本木荘二郎		富田常雄	松浦健郎	マキノ雅弘	重光彰 花柳小菊
六五八	娘初恋ヤットン節	大映	一〇	七九九七				笠原良三	佐伯幸三	菅原謙二 三條美紀
六〇一	西陣の姉妹	〃	一二	一〇、一八九				新藤兼人	吉村公三郎	宇野重吉 宮城野由美子
六五三	西遊記	〃	九	七、八〇三		高桑義生		八尋不二	冬島泰三	阪東好太郎 日高澄子
六五七	母山彦	〃	一〇	九、一三五				八住利雄	田中重雄	三益愛子 山内明
五九三	西鶴一代女	新東宝 児井プロ	一四	一三、二〇〇	児井英生		井原西鶴	依田義賢	溝口健二	田中絹代 三船敏郎
六四一	上海帰りのリル	新東宝 綜芸プロ	九	七五八八	竹中美弘		藤田澄子	椎名文	島耕二	水島道太郎 香川京子
六八〇	チャッカリ夫人とウッカリ夫人	新東宝	九	八〇四〇	佐藤一郎		市川三郎 梅田晴夫	神谷量平	渡辺邦男	久慈あさみ 折原啓子
六三八	朝の波紋	スタヂオ8プロ	一〇	九八二〇	平尾郁次		高見順	館岡謙之助	五所平之助	池部良 高峰秀子

六六八	栄冠涙あり	東映	八	七、五〇八	三上訓利	陶山 鉄	北條 誠	池田忠雄 池田三郎	佐藤 武	龍崎一郎 折原啓子
六七〇	赤穂城	〃	八	七、三二五	マキノ光雄	玉木潤一郎 坪井 与	住吉山声	民門敏雄	萩原 遼	片岡千恵蔵 山田五十鈴
六七一	黎明八月十五日	〃	一〇	八、八三五	マキノ光雄	岡田寿之		八木保太郎	関川秀雄	岡田英次 香川京子
四六九	鬼と佛と閻魔	理研	八	六、〇二六	上島雅文			長谷川公之	青戸隆幸	
六四五	森林泥棒	内外映画 第一協団	一一	九、九〇〇	松崎啓次 沢田健三			蓮池義雄	田口 哲 古賀聖人	伊豆 肇 若山セツコ
六五一	川べりの少年達	新日映	六	四、八五三	鈴木 進 馬場芳虎		宮沢雅夫	道林一郎	道林一郎	
六六六	春秋鏡山城	宝塚映画	九	七、一九五	瀬川泰助			安達伸生	安達伸生	黒川弥太郎 春日野八千代
六六九	春風よ吹け	東京映画製作所	四	三、三四〇	吉田長治		桑野 茂	桑野 茂	桑野 茂	東京演技者集団
六九七	すゞらんの鐘	新教映	四	三、二〇〇	八名 正	菅 義雄	岡田 陽	若杉光雄	若杉光雄	

C—5

S－九五－T	松竹製作ニュース 第八一号	松竹		雪之丞変化
六五八－T	〃 第八二号	〃		二つの花
六七二－T	〃 第八三号	〃		肖像
六二三－T	東宝スクリーンニュース NO 28	東宝		お国と五平
六六六－T	〃 NO 29	〃		浮雲日記
S－九八－T	〃 NO 30	〃		虎の尾を踏む男達
六〇一－T	大映ニュース 第一九〇号	大映		西陣の姉妹
六五七－T	〃 第一九四号	〃		母山彦・続修羅城秘聞（特報）
六三二－T	〃 第一九五号	〃		続修羅城秘聞
六三八－T－二	朝の波紋	スタヂオ8プロ		新東宝配給
六三八－T－三	朝の波紋	〃		〃
六八〇－T	チヤッカリ夫人とウッカリ夫人	新東宝		
六六八－T	栄冠涙あり	東映		

六七〇－T	赤穂城（特報）	〃			黎明八月十五日（特報）
六七〇－T－二	赤穂城（第二報）	〃			黎明八月十五日（第二報）
六七一－T－三	黎明八月十五日	〃			第三報
五四八－T	山びこ学校	八木プロ 日教組			
六六六－T	春秋鏡山城	宝塚映画			
六四五－T	森林泥棒	内外映画 第一協団			
E－二二六	新聞はこうして出来る	読売新聞社普及部	二	一八二〇	
E－三九六	風雪との斗い	日映新社	二	一四〇〇	北海道国鉄労協組合企画
E－四〇〇	歌の山脈	新東宝	四	三三七一	服部良一ヒットメロデー集
E－四〇二	スポーツ柔道・第一部初心者篇	柔道普及映画協会	五	三八〇〇	
E－四〇四	世界に誇る日活国際会館	日本カラーフイルム研究所	一	九〇〇	
E－四一〇	栄光よわが故郷に	日映新社	一	六五〇	第二回都道府県対抗争覇競輪の記録

E－四一一	暴威の記録	日映新社	一	七〇〇	北海道庁企画
E－四一二	本の誕生	岩波映画製作所	二	一、三五〇	
E－四一五	雪の楽園 南信濃	日映新社	一	八〇〇	国鉄長野地方営業事務所企画
E－四一八	奈良	蜂の巣プロ	二	一、五〇〇	英語版奈良観光映画
E－四一九	風薫る日	天然色産業映画（株）	一	四〇〇	レースの宣伝映画 天然色
E－四二〇	私も知つている守つている	[illegible]交通安全協会臨時映画	一	七五〇	
E－四二一	大分県営発電所完成	理研	一	五二〇	
E－四二三	横綱と子供達	大日本相撲協会映画部	二	一、九一一	
E－四二四	落語大学	東宝教育	三	二、六三〇	
E－四二五	文楽 人形劇の妙技	松竹	三	二、二五三	
E－四二七	織維都市一宮	東宝教育	二	一、三八四	
P－二〇二	ムービー・タイムズ 第二〇二号	プレミア			

P―二〇三	〃	第二〇三号	〃
P―二〇四	〃	第二〇四号	〃
P―二〇五	〃	第二〇五号	〃

（以下禁止映画のリストより除外されたる作品の審査）

S―九六	都会の奔流	松竹	一〇		脚本 猪俣勝人 監督 佐々木啓祐 昭和十五年六月製作
S―一〇〇	恋・山彦	日活	一二	九四二六	原作 吉川英治 脚本 比佐芳武 監督 マキノ正博 昭和十二年七月製作
S―一〇一	風雲将棋谷	日活	一〇	九二七八	原作 角田喜久雄 脚本 比佐芳武 監督 荒井良平 昭和十五年九月製作
S―一〇二	火砲の響	大映	一〇	七四一〇	原作 吉川英治 脚本 野渕昶 監督 野渕昶 昭和十八年

S—一〇三	ロッパの大久保彦左ヱ門	東宝	七六八〇/〇	製作 滝村和男 原作 菊田一夫 脚本 山崎謙太 〃 小国英雄 監督 斎藤寅次郎 昭和十四年一月製作
S—一〇四	越後獅子祭	東宝	八五一二〇	製作 滝村和男 原作 長谷川伸 脚本 三村伸太郎 監督 渡辺邦男 昭和十四年八月製作
S—一〇五	磯川兵助功名噺	東宝	一〇八一二〇	企画 氷室徹平 原作 野村胡堂 脚本 如月敏 〃 志村敏夫 監督 斎藤寅次郎 昭和十七年十月製作
S—一〇七	水戸黄門漫遊記	東宝	一二六四九二	製作 滝村和男 原作 脚本 小国英雄 監督 斎藤寅次郎 昭和十三年七月製作
S—一〇八	江戸最後の日	日活	一〇八五六四	原作 吉田絃二郎 脚本 和田勝一 監督 稲垣浩 昭和十六年十一月製作
S—一〇九	護る影	大映	一〇八四五四	原作 佐々木味津三 脚本 毛利喜久男 監督 西原孝 昭和十八年二月製作

C—10

映画審査概要

○ 魔像　　松竹

右近の女房の嬌声の一部　風俗上の点を考慮して抹消を希望し実行された
なお　完成された映画に対しては　審査後専門審査員合議の席上　剣戟が少しく刺戟的に過ぎ　所謂逆コースの感強しとの意見もあったことを附記する

○ 上海帰りのリル　　新東宝 綜芸プロ

女が傷ついた男を射殺する場面五呎削除希望し実行された

（以下禁止映画のリストより除外されたる作品の審査）

○ 都会の奔流　　松竹

ラジオアナウンス（本篇に無関係なもの　時代背景としての戦時ニュースなり）の始めの

部分を削除することを希望し実行された
また　医師が不良少年の負傷を直してやりながら　「今日本は片腕一つも大切な時だぞ」とある箇所　冒頭に戦前作品であることの解説タイトルを此の度つけて貰う丈けに　これと照合して戦時色やや濃きかとの懸念あり　これを弱めるように（例えば「いま日本は」と云うのを除く）して貰うことを約束した

○恋　山　彦　　日　活

風雲の巻
怒濤の巻

天皇制至上主義を思わす台詞五ヶ所（72呎）削除希望し実行された

○風　雲　将　棋　谷　　日　活

ラストシーンで「親の仇」と叫んで刺すところ　この台詞のみを抹消希望し実行された

○火　砲　の　響　　大　映

(1)第三巻に於ける佐野の台詞に特攻隊精神の如く感じられるものあり　40呎削除希望し実

行された

(2)第九巻に於ける石門及び佐野の台詞に天皇制讃美と思われるものあり　120呎削除希望し
実行された

○ロッパの大久保彦左エ門　　東宝

ラストの行進に「正義日本云々」の軍国調歌詞があるのでこの部分だけ修正を希望し実行
された

○水戸黄門漫遊記　　東宝

講釈師がやる口演の中に　「シナに行って便衣隊にでもならねばならなくなる」とある
その「シナ」の地名を抹消希望し実行された

○護る影　　大映

第十巻　切腹する反逆人のシーン（46呎）削除希望し実行された

宣伝広告審査概要

◎審査した宣材数

スチール　七八七枚

ポスター　四七枚

プレス　六二枚

撮影所通信その他　二五枚

◎今月は該当事項なし

c — 14

各社封切一覧

封切月日	審査番号	題名	製作会社	備考
松竹				
四月三日	五四七	波	松竹	
四月十一日	S−九五	雪之丞変化	松竹	新版
	六五九	伊豆の艶歌師	松竹	
四月十七日	六六一	相惚れトコトン同志	松竹	
	六六四	その夜の妻	松竹	
四月廿四日	六五六	二つの花	松竹	
東宝				
四月三日	五六六	私はシベリヤの捕虜だった	シュウタグチプロ	
四月十日	六二三	お國と五平	東宝	
四月十七日	六六六	浮雲日記	東宝	
四月廿四日	S−九八	虎の尾を踏む男達	東宝	

大映				
四月三日	E—四一三 S—九二	踊る京マチ子 歌う乙羽信子 乞食大将	大映	
四月十日	六五三	西遊記	大映	
	六五八	娘初恋ヤットン節	大映	
四月十七日	六〇一	西陣の姉妹	大映	
四月廿四日	六五七	毋山彦	大映	
新東宝				
四月三日	五九三	西鶴一代女	新東宝 児井プロ	日活系新東宝配給系は四月十七日封切
四月四日	六四一	上海帰りのリル	新東宝	
四月十一日	六四五	森林泥棒	内外映画社 第一協団	
四月廿四日	六八〇	チャッカリ夫人とウッカリ夫人	新東宝	
東映				
四月三日	六五二	お酒落狂女	東映 山田プロ	
四月十日	六六八	栄冠涙あり	東映	

四月十七日		青空天使 おどろき一家	東映	新版 新版
四月廿四日	六七〇	赤穂城	東映	

c—17

映画倫理規程審査記録第三十四号

昭和二十七年五月五日発行

発行責任者 池田義信

東京都中央区築地三ノ六

日本映画連合会

映画倫理規程管理部

電話築地(55)二八〇二 〇六九六番

C — 18

映画倫理規程審査記録

第35号

※収録した資料は国立国会図書館の許諾を得て、マイクロデータから復刻したものである。
資料の汚損・破損・文字の掠れ・誤字等は原本通りである。

35

映画倫理規程

審査記録

27.5.1 ~ 27.5.31

国立国会
27.6.11
図書館

日本映画連合会

映画倫理規程管理委員会

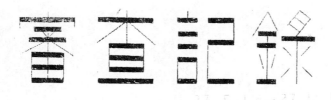

目次

1 管理部記事……a〜1
2 審査脚本一覧……a〜2
3 脚本審査概要……a〜5
4 審査集計……c〜1
5 審査映画一覧……c〜4
6 映画審査概要……c〜12
7 宣傳広告審査概要……c〜16
8 各社封切一覧……c〜17

管理部記事

○

管理委員会五月三十日の臨時会議に於て　講和独立後の情勢に伴い　種々の政治的色彩を盛つた映画作品の映倫審査が求められた場合の審査態度について協議が行われましたが

『映画倫理規程は「映画の娯楽及び芸術として国民に及ぼす影響性に対する責任の立場から制定」されたもので　たとえ政治的色彩を帯びた作品と雖も　娯楽を主体とした映画又はそれと併映されるものとして　あくまで映倫規程の精神に則り　慎重に審査すべきである』

との決議が行われ　管理委員会は将来と雖も　中正公平の態度を堅持し　娯楽を通して芸術文化の立場から健全なる映画の提供に協力する態度を明らかにしました。

審査脚本一覧

会社名	題名	受付日	審査終了日	備考
東映	續赤穂城	五・一	五・二	
大映	滝の白糸 自主改訂版	五・二	五・六	改訂第二稿
新東宝	おかあさん	五・二	五・六	
大映	白蘭紅蘭	五・六	五・七	
松竹	娘はかく抗議する	五・七	五・八	
東映	天草秘聞 南蛮頭巾 自主改訂版	五・八	五・九	改訂第二稿
東映	忠治旅日記 勘太郎街道	五・九	五・一〇	
近代映画協会	原爆の子	五・八	五・一二	
松竹	決斗鳥辺山 お染半九郎	五・八	五・一二	「悲恋五条坂」の改題
芸苑プロ	初恋は波の彼方に	五・九	五・一〇	

新東宝	若き日のあやまち	五、一〇	五、一二	「あやまち」の改題
大映	振袖狂女	五、一二	五、一四	
新東宝	恋の応援団長	五、一二	五、一四	
東映	大当り黄金狂時代	五、一三	五、一四	「黄金狂時代」の改題
東映	霧の夜の兇弾	五、七		「Gメンの挑戦」の改題
〃	改訂版	五、一三	五、一六	改訂第二稿
東宝	トンテンカン三つの歌	五、一二	五、一六	
ニューカレント・プロダクション	大高原	五、一六	五、一七	
松竹	或る母の姿	五、一七	五、一九	
松竹	愛情の決闘	五、一七	五、一九	
東映	月の夜の決斗 伏見寺田屋	五、一七	五、一九	
東映	「全国戦争未亡人の手記」より いとし子と耐えてゆかむ	五、一七	五、一九	
松竹	父帰る	五、一七	五、一九	

大映	母子鶴	五、二二	五、二四	
大映	天保水滸伝 利根の火祭	五、一八	五、二四	
松竹	夏子の冒険	五、二二	五、二六	
東映	制服の処女の胸に燃ゆる 乙女の激情	五、二三	五、二六	
大映	大学の小天狗	五、二六	五、二八	
新東宝 綜芸プロ	風の噂のリル	五、二六	五、二八	「リルを探してくれないか」「風の噂はリル」の改題
東映	はだか大名 後篇	五、二七	五、二九	
東映	暴力	五、二七	五、三一	

◎新作品……………………二八

シナリオ数……………………三一（内改訂版三）

内訳 松竹 大 東宝 一 大映 六（内改訂版一）

新東宝 四 東映 一一（内改訂版二） ニューカレントプロ 一

芸苑プロ 一 共代映画協会 一

◎審査シノプシス……………………なし

脚本審査概要

続赤穂城
東映京都

総指揮　大川博
製作　長橋秀憲
〃　マキノ光雄
企画　玉木潤一郎
〃　坪井與
原作　住吉山声
脚本　民門敏雄
監督　荻原遼

所謂元禄の刃傷事件に際して事態の収拾に当る大石内蔵之助と赤穂城の人々の動きを描く

前に提出された赤穂城の脚本が製作の都合上前半と後半が分離され　この続赤穂城はその後半の内容に幾分加筆したものである
そしてこれに対する新たなる希望は　出来るだけ封建的なる主従関係を過度に表現しないようにして貰いたいことである　（社会）

＊　＊

滝の白糸（自主改訂版）	大映

希望事項なし

おかあさん	新東宝

製作　永島一朗
脚本　水木洋子
監督　成瀬巳喜男

a—6

貧しいながらも母と相助けて明るく生き抜いて行く娘の手記

希望事項なし

＊　＊　＊

白蘭紅蘭	大映

企画　土井逸雄
原作　藤澤桓夫
脚本　舟橋和郎
〃　棚田吾郎
監督　仲木繁夫

巨萬の遺産の相続をめぐる物慾と愛情の葛藤を描くメロドラマ

希望事項なし

娘はかく抗議する	松竹

製作　石田清吉
原作　小糸のぶ
脚本　澤村勉
監督　川島雄三

思春期の動揺と母への不信に悩む女子高校生を中心に　性教育のための努力と反省を描く

性教育を取扱っている作品であるから　観客への影響を考慮されて　製作演出に充分慎重

を期せられたい。全篇清潔感をもって描かれなければ困ると思う（性 教育）

尚細部に就いては以下の諸点につき再考を求めた。

一 小田切と露木の両先生が明るい性格に描かれているのはよいが 稍々教育者として軽佻にみえる個所がないだろうか。この点再検討していただきたい

例えばシーン29で 露木が圭子に恋一との健康な恋愛に賛成する場面を「フレーフレーだわい」の如きは行き過ぎだと思う（教育）

二 生徒たちが嵐のため 山の寺院に泊る場面（シーン42）での青木たちのキッスゲームは他の遊びに変えるか 画面に見せぬようにするか 何れかにされたい（風俗 教育）

三 シーン55・56の生徒たちの先生についての噂話も度を越している 「家で性教育やってんだよ」の如き その例である（性 教育）

四 圭子の悲劇の原因の大半を作った塚本の処置がついてないが これでは余りに無責任である。

かった者勝ちの恋になっては困る これは房江 洋子についても同様である（教育）

五 「思春期の性典」という書物が出るか これの描写も 演出注意されたい（性、教育）

＊ ＊ ＊

a—8

天草秘聞
南蛮頭巾
自主改訂版

宝プロ

主人公の天草四郎はあくまで平和を尊ぶ若者で森宗意軒という陰謀家の土偶人形であるという第一稿の線に戻していたゞく。さもないと集団暴力礼讃に堕するおそれがある。（社会）

物語りの性質から云って直接現代を諷するように考えられる科白は遠慮して欲しい。例えば宗意軒の火薬に関する言葉がそれである。（社会）

最後の群集の扱いは演出注意されたい。（社会）

又史実に略去挿話である旨のタイトルを挿入されたい。（社会）

忠治旅日記
勘太郎街道

東映

製作　長橋秀憲
企画　坪井与
脚本　比佐芳武
監督　松田定次

a—9

母を尋ねる勘太郎を抱えて法網に追われる国定忠治の扱演記立廻りの場面で、悪を斬る場合、痛快さが暴力讃美に移行し易いので、その点を注意して演出されたい。（社会）

原爆の子

近代映画協会

製作　吉村公三郎
協力製作　山田典吾
脚本
監督　新藤兼人

災禍の日から七年　広島の地に営まれる諸々の生活の姿を綴る

従来かゝる主題のもつ色々の連関については、かなり慎重であったが現在もこれは決して消滅したとはいわないが、独立後の日本としてこれを批判的に独自に処置してゆきうる立場からこれを審査してゆきたいと考える。

製作スタッフの表には、原作なくたゞ脚本が新藤兼人氏の名儀になっているが、世上、この同題名の岩波版長田新氏編の「原爆の子」の著書あり、これが注目されているものだけにこの映画名について懸念したが、製作スタッフは目下この著書を原作として、これによって劇化するものであることの承諾をもとめる交渉中であると附言された。よってこれは

a－10

問題なしとする。
このなかには、原爆による死やその結果（人体の）が描かれるが、とくに顔がひきつり、盲目になっている岩吉という人物について、この顔面の負傷のヒキツリなど過度に刺戟的でなく描出してほしいし、またスチールなど、静止画面では映画面よりもはるかに刺戟的な印象を与えかねない恐れがあるので注意してほしい。（残酷醜汚）
自身助産婦である夏江が、みずから「産婆になっている」と言い出すのは、その答えとする孝子の方はいゝとして、こゝでは助産婦になおされた方がいゝのではないか、その職業に従う人々が自ら産婆とよばれることをこのましくなしとしてとっている態度である故、それを尊重した方がいゝのではないだろうか。（社会）

決斗鳥辺山 お染半九郎 （「悲恋五條坂」の改題）	松竹

製作　杉山茂樹
脚本
監督　冬島泰三

京都所司代の腐敗に粛正の刃を振う菊地半九郎と芸妓お染をめぐる恋と人情の物語
斬奸状を以て悪人を斬る、その斬り方が、痛快な感じを与えると、それが暴力讃美に移行

し易いと考える。従って立廻りは刺戟的でなく演出されるよう希望する。（社会）

初恋は波の彼方に

芸苑プロ

製作　石田達郎
原作　源氏鶏太
脚本　田中研
〃　浜良吉
監督　田中研

思春期の少年の胸に芽生えた美しい芸者への慕情を描く

(1) 作品の内容から云って花柳界の描写は少年の主観を通して描き（大体そうなっているが）可能な限り簡略にして載きたい。（風俗教育）

(2) 昇平が悪友達に伴われて鴎亭で飲酒する場面は演出注意されるのは勿論脚本の上でももっと控え目にして載きたい。（風俗教育）

(3) 受持の橋本先生は堕落な性格として描かれているが、教育者としては稍々奔放に流れて細心さを欠くような印象を与えはしないだろうか。この点再考されたい。（教育）

(4) 少年の初恋物語であるから、全篇清潔さを失わぬよう演出は慎重にやって載きたい。（風俗教育）

a—12

若き日のあやまち （「あやまち」の改題）
新東宝

製作　中田晴久
脚本　植草圭之助
〃　菊島隆三
監督　野村浩将

思春期の衝動に不幸な過ちを犯した女学生が師の激励に支えられて苦悩の彼方に新生の光明を見出す物語。

(1) 思春期の女学生の性に関する観念に正しい方向を与えると云う意図である以上、教員室に於ける市川先生の態度などは、もつと真面目な感じでなければ困ると思う。ホルモン云々の台詞などは止めて欲しい（シーン12）（性、教育）

(2) （シーン15）の大学生と女子学生らしい女の接吻。（風俗）
（シーン51）盛り場のストリップ劇場の看板。（風俗）或いは高木が君子を犯す（シーン58）前後の場面（性）は風俗上の点を十分考慮して演出して貰いたい。尚連れ込み宿の玄関の「取引」で高木が麻子に気ずかれない様に腕時計をはずしと云う個所などもこのような手際を明瞭に演出されることは絶対に止めて欲しい。（風俗、教育）

a―13

部分的な希望事項は以上であるが全体的には思春期の女学生の生態を描くことのみの演出に熱中されることを絶対に避けて貰いたい、あくまで性に関する観念に正しい方向を与えることに焦点を置いて演出されることを希望する。（風俗、性、教育）

振袖狂女	大映

原作　川口松太郎
脚本　八尋不二
監督　安田公義

豊家の遺児を護らんとする旧臣とこれを仆さんとする徳川家康をめぐる謀略と葛藤を描く時代活劇

シーン118「吊し上げられている左枝」とあるがあまり残酷にならぬように。（残酷）
シーン120以下の宇津木が我が児を鶴姫の身代りにする件は弥右ヱ門への愛情故という点に

重点をおいて所謂「寺小屋」式の身代り芝居にならぬように注意されたい。（社会）

恋の応援団長	新東宝

製作 坂上静翁
脚本
監督 井上梅次

気のある愛すべき応援団長を中心とする明るいカレッヂ物

希望事項なし

大当り 黄金狂時代	東映

企画 玉木潤一郎
脚本 渡辺邦男
〃 村松道平
監督 渡辺邦男

明朗子會之長屋の生活を描く諷刺喜劇

希望事項なし

霧の夜の発砲 （「Gメンの挑戦」の改題）
東映

製作　マキノ光雄
企画　岡田寿之
原作　並木行夫
脚本　松浦健郎
監督　杉江敏男

兄を犠性にした密輸団の首領を狙う事をめぐって海上保安官の活動を描く活劇物

第一稿に引続いて出された改訂第二稿（製作者側の都合によって）で審査したのであるが、第一稿に於いて一応申した如く　モデル女の裸体（風俗）及び裸ショウ（風俗）に対する演出上の注意を望む。海上保安庁との提携、或いは後援の映画と考えられるが、この中に「警察手帖」とあるは勿論製作者側の不注意の誤りで、それに代る適当なものに訂正される旨申出があった。

トンチンカン三つの歌	東宝

製作　加藤　譲
脚本　八住利雄
監督　斉藤寅次郎

街の一角に明るい人々がかもし出す親子人情喜劇

希望事項なし

大高原	ニユー・カレント・プロ

製作　原　千秋
〃　五十嵐又四郎
企画　平野　博
原作　原　千秋
脚本　高橋幸人
監督　原　千秋

高原に屯《たむろ》する開拓団の快青年をめぐる恋愛活劇

(1) シーン57　蘭子と一平が「ごろ寝」しているシーンは演出上注意して欲しい（性）
(2) シーン83　旅館の浴槽のシーンは風俗上充分考慮して演出して欲しい（風俗）

或る母の姿	松竹

製作　山口松三郎
脚本　野田高梧
監督　佐々木康

驕慢な社交夫人の家庭とその子をめぐる母性愛メロドラマ

シーン102　多田が扉の鍵を　針金などであける処は　犯罪手段の教唆にならぬよう　演出上の注意を希望した（法律）

愛情の決斗	松竹

製作　山口松三郎
脚本　富田義朗
監督　佐々木啓祐

争いを捨て愛情に生きることを以てまことの勇気を示した青年の物語

希望事項なし

月の夜の決斗
（伏見寺田屋）

東映

企画　山田典吾
〃　大森康正
脚本
監督　吉村公三郎

幕末の伏見寺田屋を舞台として阪本龍馬を中心に　この船宿に反映する時代の動きを描く

(1) 勤王精神とか　勤王志士とか云うものが讃美されたり目立って感じられる危険は　この脚本を読んだだけでは余り心配しないで好いのではないかと思われる　しかし演技によってはその懸念がなくはないので　その点の十分なる演出上の注意を希望した（社会）
又（シーン21）の浪人達の歌う「夷狄等と共に幕府を討たずしていかで御国の辱を雪がん」の歌詞は前記の点で好ましからず改訂を希望した（社会）

(2)（シーン55）のお登の裸体姿は肉体露出の限度につき演出注意を希望した（風俗）
又（シーン57 63）の男女の行動は蒲団が敷かれてある部屋の中のことであるから　これも風俗上の点を十分注意して演出されることを希望した（性）（二ケ所）

※　　※　　※

「全国戦争未亡人の手記」より いとし子と耐えてゆかむ	東映

企画　栄田清一郎
脚本　植草圭之助
監督　中川信夫

愛児を護り苦難の道を切り拓いて行く戦争未亡人の姿を描く

戦争未亡人が政府から全然援助を受けていないように描かれているか　全然というのはどうであろうか　この点考慮を望みたい（法律）

父帰る	松竹

製作　大町龍夫
原作　菊池寛
脚本　長瀬喜伴
監督　堀内真直

曽て家を捨てた父帰る日　親と子の愛憎の心理を描く

希望事項なし

母子鶴　大映

企画　米田治
原作　川口松太郎
脚本　舘岡謙之助
監督　小石栄一

奇術芸人の母と子の別離と再会に絡まる人情メロドラマ

出征風景の「愛国行進曲」は軍歌ではないが　歌詞を歌わずまた派手な演奏にしないよう希望した　批判的な演出を希望したのである（国家）

天保水滸傳　利根の火祭　大映

企画　高桑義生
原案　萩原四朗
脚本　柳川真一
監督　安達伸生

放浪の果て妻子を残してやくざの喧嘩に身を終る平手造酒の悲劇

この脚本は平手造酒と　その子弥太郎に関する父子の真情を主題とするものであるが　やく

ざの生態が可成り多く描かれている内容でもあるのでその点製作者側として少しく打合せを行った　やくざの生態が多く描かれることも好ましくはないが　しかし何よりも困るのはこの脚本はやくざに対する批判と云う面が甚だ弱く先ずこの点の改訂がなされなければと思われた

そこで製作者側に対する当方の希望事項は次の如きものとなった

一、平手造酒とその子弥太郎に関する父子の真情を描くことにもっと重点を置いて貰いたい　演出上でも注意していただきたい（社会）

二、やくざに対する批判の面をもっと強くしてほしい　殊に平手造酒の最後などはこれがやくざの宿命と感じさせるには是非幾分加筆して貰わねばならぬと思う（社会）

三、やくざの生態の描写の中でも余り刺戟的なものは出来るだけ避けて貰う方がいいと思う（社会）　（シーン38）の弥太郎の仁義を切るシーンは止めていただきたい（社会）

以上の希望事項により製作者側は改訂部分を提出され　それによって一応脚本の審査は終了した

夏子の冒険	松竹

製作　小出孝
原作　三島由紀夫
脚本　山内久
監督　中村登

北海道の大自然を舞台に生亡の情熱を求めて旅する乙女が描くラブ・ロマンス

(1) 熊が馬を喰いあらした後が描写されるが　色彩映画であるだけに　余り刺戟的でなく注意して欲しい（残酷　醜汚）

(2) 祖母の台詞に　昔なら北海道に聯隊があって頼みがいがあった云々の意味にふれるところがあり　これは　祖母の育った時代　人物としてそうあるのが本当であろうが　それをうけて新聞社の編輯長成瀬がのべる台詞は　せめて日本に軍隊のあったことを批判的にのべて欲しいと思う　ここは喜劇的に描写してあるが　それだけに然るべく注意して欲しい（国家）

制服の処女の胸に燃ゆる 乙女の激情	東映

企画	小川正
〃	岩井金男
脚本	小川正
〃	岡田豊
監督	阿部豊

湖畔に合宿生活を送るボート選手の八人娘の青春ロマンス

シーン15　乙女たち一斉に並んで頭からシャワーを浴びていると云うところ　肉体露出の

限度につき 風俗上の点を十分注意して演出していただきたい（風俗）

大学の小天狗	大映

企画 根岸省三
脚本 菊島隆三
監督 田中重雄

学生柔道界の強豪を中心に邪悪を挫く正義の勝利を描く

(1) シーン60で中津川流の封じ手が スロー・モーション・カメラで説明されるが これは余りに残酷であったり簡単に素人が殺傷手段として真似られるものであっては困るので その点注意されたい（残酷・法律）

a—8

風の噂のリル （リルを探してくれないか）（風の噂はリル）の改題	新東宝 綜芸プロ

製作 竹中美弘
〃 井内久
脚本 浅野辰夫
監督 島耕二

流行の歌謡曲を主題としたヒロインと二人の楽士をめぐる恋愛メロドラマ

(1) シーン8 軍艦マーチ（楽隊の町廻りに使う）は止めて戴きたい（国家）

(2) 大江みどりの女剣戟の舞台の様子は演出注意されたい（社会・風俗）

(3) シーン61 みどりの「女剣戟もどきに白い太腿までパッとまくった足を投げ出し」も全体（風俗）

はだか大名（発端）	東映

製作 高村将嗣

〃 玉木潤一郎

原作 山手樹一郎

脚本 木下藤吉

監督 渡辺邦男

家を奪われ市井に隠れた大名の若殿が蹶起して当主の暴状を懲す物語

(1) シーン57 権田坂の場面で「一角の片腕が草に飛び落ちる」は改訂を希望（残酷）

暴力	東映

企画 大森康正

脚本 新藤兼人

監督 吉村公三郎

大阪の歓楽街の一角を舞台に犯罪と暴力の泥沼にあえぐ娘の悲劇を描く

一般的な映画の場合　売春行為の生態はさけて描写しないことになっているので　この点では　大阪の特殊な一劃の街を対象にして　そこにいる夜の女の描写が背景として前半かなり出て来るが　もともとそれを批判の対象として意図されたものであるから　他の一般的な映画の場合とは事情が異なるべきであると考えられる　たゞ如何に批判的に描くとは云っても　描写には限度があり　青少年に対する教育的な影響も考えられるから　その点を十分考慮して全体を描いて欲しい（性）
「パン助」と云う言葉が実に屡々ここでは使われるか　この呼称や　或は「インバイ」「手ごめにあう」その他　もし直接的でない代りの言葉を使っても好いところは　なるべく加減をして欲しい（性）
夜の女の生態も出ることではあるし　また売春行為の交渉　或はその金銭問題など未知の青少年にたって知らすべきでもないものが対象の必要上描かれてゆくのはさけえないが　従って或は観客制限のことも考えないではなかったが　その方策が何ら実行力を現下の興行に於て示されなかっただけに　今度はそれに触れないで　むしろ世の父兄や教育者のよき指導に期待した方がまさるかと思われた　そう云う点　この映画は決して進んで推すような好ましい道徳的効果あるものとは必ずしも考えていない　よって宣伝などに於ても十分その点を考慮し「夜の女」などを過大に歪曲して宣伝の材料にされないよう望みたいものである
尚　この中に出てくる一人物〝狂える詩人〟と云うのが　萩原朔太郎の作品（詩）を朗読しているが　これは製作者に於て遺族もしくはその著作権所持者の了解をとっておいて欲しいと思われる　かかる映画であるからシナリオの面のみでは予測できない画面の印象があるやも知れないので　完成映画に於て　なお希望をのべるやも知れず　その点含んでおいて戴きたい

審査集計

◎希望事項総数……………六六

規程条項	関係脚本題名及希望個所数	集計
一 国家及社会	「續 赤穂城」(1) 「南蛮頭巾」(自主改訂版)(4) 「勘太郎街道」(1) 「原爆の子」(1) 「お染半九郎」(1) 「振袖狂女」(1) 「月の夜の決斗」(2) 「母子鶴」(1) 「利根の火祭」(4) 「夏子の冒険」(1)	19

		「風の噂のリル」(2)	
2	法律	「或る毋の姿」(1)	3
		「いとし子と耐えてゆかむ」(1)	
		「大学の小天狗」(1)	
3	宗教	希望事項なし	0
4	教育	「娘はかく抗議する」(6)	13
		「初恋は波の彼方に」(4)	
		「若き日のあやまち」(3)	
5	風俗	「娘はかく抗議する」(1)	15
		「初恋は波の彼方に」(3)	
		「若き日のあやまち」(4)	
		「霧の夜の光輝」(2)	

番号	分類	作品	回数	計
		「大高原」	(1)	
		「月の夜の決斗」	(1)	
		「乙女の激情」	(1)	
		「風の噂のリル」	(2)	
6	性	「娘はかく抗議する」	(3)	11
		「若き日のあやまち」	(3)	
		「大高原」	(1)	
		「月の夜の決斗」	(2)	
		「暴力」	(2)	
7	残酷醜汚	「原爆の子」	(1)	5
		「振袖狂女」	(1)	
		「夏子の冒険」	(1)	
		「大学の小天狗」	(1)	
		「はだか大名」(后篇)	(1)	

C—3

審査映画一覧

審査番号	題名	会社名	巻数	呎数	製作	企画	原作	脚本	監督	主演
◯劇映画										
五七六	母の願い	松竹	九	七、三二七	山口松三郎		小糸のぶ	伏見晁	佐々木啓祐	佐田啓二 桂木洋子
六七九	黄色い鞄	〃	四	三、九八七	大町龍夫		井上靖	大町龍夫	弓削進	徳大寺伸 幾野道子
六八三	腰抜け伊達騒動	〃	一〇	八、〇四五	石田清吉		巖谷眞一	伏見晁 森田龍男	斎藤寅次郎	高田浩吉 千秋みつる
六八五	月形半平太	〃	一一	九、一一九	小倉浩一郎		行友李風	鈴木兵吾 永江勇	内出好吉	市川右太衛門 山田五十鈴
六六三	女のいのち	〃	一〇	八、六一七	田岡敬一			柳井隆雄	池田忠雄	佐野周二 角梨枝子
六七八	息子の青春	〃	五	四、九九九	山本武		林房雄	山本良郎	小林正樹	石濱朗 小園蓉子

六九〇	華やかな夜景	〃	一〇	八五八〇	小出孝		北條秀司	柳井隆雄	原研吉	佐田啓二 津島恵子
六六七	金の卵	東宝	一〇	九五八六	藤本眞澄			井手俊郎	千葉泰樹	島崎雪子 小泉博
六三四	戦国無頼	〃	一四	一二一一四	田中友幸		井上靖	黒沢明 稲垣浩	稲垣浩	三船敏郎 山口淑子
六七五	三等重役	〃	一〇	八八三〇	藤本眞澄		源氏鶏太	山本嘉次郎 井手俊郎	春原政久	河村黎吉 沢村貞子
六三二	續修羅城秘聞	大映	九	八七四〇			山手樹一郎	衣笠貞之助	衣笠貞之助	長谷川一夫 轟夕起子
六六五	安宅家の人々	〃	一二	一〇七七〇			吉屋信子	水木洋子	久松静児	船越英二 田中絹代
六三〇	死の街を脱れて	〃	一〇	八六七六			五島田鶴子	舘岡謙之助	小石栄一	水戸光子 菅原謙二
六八四	銭形平次捕物控 地獄の門	〃	一〇	八六六〇			野村胡堂	伊藤大輔	森一生	長谷川一夫 三浦光子
七〇一	右門捕物帖 謎の血文字	新東宝 綜芸プロ	九	八一五〇	竹中美弘		佐々木味津三	安達伸生	荒井良平	嵐寛寿郎 浜田百合子

C－5

六九六	離婚	新東宝 東京プロ	一〇	八九一八	柱男 宏			小[illegible]	[illegible]	[illegible] [illegible]十代
六八六	恋風五十三次	東映	八	七四三五	柴田清一郎 山田宗一	西原孝	伊丹万作	根上[illegible]	中川信[illegible]	河津清三郎 若山セツ子
六四六	水色のワルツ	〃	九	七六五〇	三上訓利			新藤[illegible]郎 小森静男	青柳信雄	水島道太郎 折原啓子
七〇七	續赤穂城	〃	一〇	九〇九一	マキノ光雄	坪井与 玉木潤一郎	住吉山彦	民門敏雄	萩原遼	片岡千恵蔵 山田五十鈴
七二〇	大当り黄金狂時代	〃	八	六七八九		玉木潤一郎		渡辺邦男 村松道平	渡辺邦男	横[illegible]三郎 清川虹子
六七七	山河を越えて	文芸プロ	八	六〇五六	古川進			黒崎進 山口順次	山口順次	
六八八	貞操の街	えくらん社	八	七二四〇	松本常保			舘岡謙之助 笠原良三	志村敏夫	龍崎一郎 宮城千賀子
六九二	やぐら太鼓	滝村プロ	九	七二四三	滝村和男		長谷川幸延	松浦健郎 小国英雄	マキノ雅弘 滝沢英輔	二本柳寛 高杉早苗
六九四	天草秘聞、南蛮頭巾	宝プロ	八	六九八三				木下藤吉 吉村公三郎	丸根賛太郎	黒川弥太郎 宮城千賀子

六九五	娘十八お転婆時代	宝塚映画	九					倉谷勇	倉谷勇	灰田勝彦 新珠三千代
七〇二	踊る街	中村弘高プロ	六	四八五〇	中村弘高	瀧野和士	森野嘉津樹	永富映次郎	永富映次郎	中村弘高 白鳥航夫
七〇四	母を恋う歌	新映	八	七四〇〇		大塚和		山崎謙太 高柳春雄	並木鏡太郎	二本柳寛 高杉早苗

○予告篇

六七六－T	松竹製作ニュース第八四号	松竹			母の願い
六八五－T	〃 第八五号	〃			月形半平太
六九〇－T	〃 第八六号	〃			華やかな夜景
六三四－T	戦国無頼	東宝			第一報
六三四－T－二	戦国無頼	〃			第二報
六七七－T	金の卵	〃			
六七五－T	三等重役	〃			

c―7

六六五—T	大映ニュース第一九六号	大映		安宅家の人々
六三〇—T	〃第一九七号			[illegible]
六八四—T	〃第一九八号			銭形平次捕物控 地獄の門
S—九九—T	〃第一九九号			南士に立一影
七〇三—T	〃第二〇〇号			猛獣使いの少女
七〇一—T	右門捕物帖 謎の血文字	新東宝 芸芸プロ		
六九八—T	離婚	新東宝 東京プロ		
六八六—T	恋風五十三次	東映		
六四六—T	水色のワルツ	〃		
七〇七—T	続 赤穂城	〃		
七二〇—T	大当り 黄金狂時代	〃		
六九二—T	やぐら太鼓	滝村プロ		
六九四—T	天草秘聞 南蛮頭巾	宝プロ		

六八九五－T	女十八お転婆時代	宝塚プロ			
七〇四－T	母を恋う歌	新映			
○併映短篇					
E－四二三	歌麿	国民ニュース映画協会	二		
E－四二八	雷様てんやわんや	東宝教育	一	三二〇	「電力は国の宝運動本部」企画
E－四三二	まからん堂物語	新理研	三		東京都主税局企画
E－四三四	第一回近畿府県競輪ダービー	京都映画	一	一三〇	
E－四三五	小河内ダム建設記録 第一集	東京映画技術研究所	二	一七二〇	東京都水道局企画
E－四三七	地に生きる	日映新	一	六三〇	高北農機株式会社企画
E－四三八	梅田層をえぐる	〃	二	一八九〇	竹中式潜函工事の記録
E－四三九	昭和二十七年夏場所大相撲 前半戦	大日本相撲協会映画部	一	九〇〇	
E－四四〇	〃 後半戦	〃	一	九〇〇	
E－四四三	世界選手権を賭けて	大映	二	一七〇九	

c—9

E―四四六	東京荒川バラバラ事件の真相を衝く	新理研	二	一三〇〇	
E―四四八	油槽船聖邦丸の誕生	読売映画社	二	一九五七	飯野海運株式会社企画
E―四四九	ミシンの話	東宝教育	二	一八六〇	
E―四五一	森永母の日大会	森永製菓(株) 新理研	二	一五〇〇	
E―四五二	映画の秘密	大油清三郎	二	一四五〇	
E―四五四	千葉県政ニュース No 1	千葉県 弘報課	一	八〇〇	
○スポーツニュース					
P―二〇六	ムービータイムス第二〇六号	プレミア			
P―二〇七	〃 第二〇七号	〃			
P―二〇八	〃 第二〇八号	〃			
P―二〇九	〃 第二〇九号	〃			
P―二一〇	〃 第二一〇号	〃			

○新版

S—一〇六	柳生大乗剣	日活	七	六五七三	脚本 滝川紅葉 監督 池田富保	昭和十六年一月製作
S—一一〇	江戸の朝霧	大映	一二	九一四〇	原作 真山青果 脚本 波多謙治 監督 仁科紀彦	昭和十七年九月製作
S—一一一	五重塔	〃	七	六一八四	製作 菊岡久利 原作 幸田露伴 脚本 川口松太郎 監督 五所平之助	昭和十九年八月製作
S—一一二	或る病院の出来事	〃	七	五〇五〇	脚本 大陶山鉄 監督 深田修造	昭和十六年 製作
S—一一四	宮本武蔵 一乗寺決斗	日活	一三	一〇五一六	原作 吉川英治 脚本 稲垣浩 監督 稲垣浩	昭和十七年三月製作
S—一一五	山参道	大映	一〇	九〇四八	原作 呉船豊 脚本 北村勉 監督 島耕二	昭和十七年五月製作
S—一一六	思い出の記	〃	一一	九一〇一	原作 徳富蘆花 脚本 小崎政房 監督 小崎政房	昭和十七年八月製作

C—11

映画審査概要

○腰抜け伊達騒動　松竹

四巻目　舞台のストップショウのシーン削除希望し　実行された（六六呎）

○月形半平太　松竹

「死而護国鬼」の「血文字」改訂希望し　「死而開国魁」と入れ変えられた

○続修羅城秘聞　大映

第九巻目　切腹のシーン　「一生を賭けた男の最後だ　よく見ておけ」の台詞　削除希望し実行された（八呎）

○恋風五十三次

六巻目「曽我兄弟は親の仇を討つのに十八年、、、」のうち「親の仇を討つのに」だけ

台詞抹消を希望し実行された

"当方の見解"

仇討は美徳ではないので　これを批判的に描くならば　その美徳でないことが徹底する
が　この映画の如く　何の関係もない中にかゝる台詞が入ると　一種の仇討肯定の感じ
を知らず知らずのうちに弘報することとなり　危険である　"何でもない映画だから・・・"と
云うことは抗弁にならぬ　何でもない映画だからこそ気をつけて戴きたいと思う

○水色のワルツ　　東映

一巻目　教員室のシーンは教育上の点で好ましからぬ感じのものとなり　製作者側と協議
の結果その一部を削除することとした
なお　このようなシーンは脚本審査の際　担当審査員としては今後もっと慎重に取扱うべ
きであることを痛感した

○歌　　營

左記の個所削除希望し実行された

(1)髪すきの女の乳房露出場面

c—13

(2) 入浴中の女の乳房露出場面
(3) 海女の乳房露出場面

○ 柳生大乗剣　　日活

第四巻目　剣の讃美の台詞　第六巻目　人命軽視の懸念ある台詞　以上二ヶ所削除希望し実行された（七呎）

宮本武蔵
○ 一乗寺決斗　　日活

一　才六巻目　人命軽視の懸念ある台詞
二　才八巻目　剣の讃美となる印象のある部分の台詞
三　才十巻目　復讐の印象を与える心配のある台詞
四　才十二巻目　最後の立廻りを少し長すぎるので短くすること

以上を削除することを希望し実行された（計一三〇呎）
これは剣の神秘化の傾向はさらになく　試合と云う面で全体を通す形とするため　以上の処置が好ましいのであった

○山　参　道　　大映

第九巻目　「立派な日本の赤子に・・・」と云う台詞削除希望し実行された（四呎）

○思　い　出　の　記　　大映

第十巻　楠公の忠誠を讃美する会話のうち　明瞭なる個所一ケ所台詞の削除を希望し実行された（十三呎）

宣伝広告審査概要

◎ 審査した宣材数

スチール	四八三枚
ポスター	三一枚
プレス	二八枚
撮影所通信その他	二二枚

スチール

○ 魔像　松竹

神尾喬之助（阪東妻三郎）が大迫玄蕃（海江田譲二）を斬る場面スチール（スチール番号40）は　残酷の感があるので使用中止方を希望した

○ 腰抜け伊達騒動　松竹

劇中劇のストリップショウ「裸性門」の場面スチール（スチール番号30）は風俗上挑発的なので使用中止方を希望した

c―16

各社封切一覧

封切月日	審査番号	題名	製作会社	備考
五月一日	六七二	魔像	松竹	
五月八日	六四三	東京賭士傳	〃	
	六七九	黄色いカバン	〃	
五月十五日	六八三	腰抜け伊達騒動	〃	
	六七四	銀座巴里	〃	
五月二十二日	五七二	母の願い	〃	
五月二十九日	六八五	月形半平太	〃	
東宝				
五月一日	S－九七	安三四郎	東宝	新版
	六六六	春秋鏡山城	宝塚映画	
五月八日	六九二	やぐら太鼓	東宝滝村プロ	
	A－四一二	大江戸の鬼	新東宝	新版
五月十四日	六六七	金の卵	東宝	

C－17

五月二十二日	六三四	戦国無頼	東宝	
五月二十九日	六七五	三等重役	〃	
大映				
五月八日	六三二	髑髏城秘聞	大映	
五月十五日	六六五	安宅家の人々	〃	
五月二十二日	S－九九 六三〇	富士に立つ影 死の街を脱れて	〃 〃	新版
五月二十九日	六八四	銭形平次捕物控 地獄の門	〃	
新東宝				
五月一日	六三八 E－四〇〇	朝の波紋 歌の山脈	スタヂオ8プロ 新東宝	二週続映 二週目併映
五月十五日	四六九	青い指紋	理研映画	
五月二十二日	七〇一	右門捕物帖 謎の血文字	新東宝 綜芸プロ	
五月二十九日	六九六	離婚	新東宝 東京プロ	
東映、				

C－18

五月一日	六七一	黎明八月十五日	東映
五月八日	六八六	恋風五十三次	〃
五月十五日	六四六	水色のワルツ	〃
五月二十二日	六九四	天草秘聞 南蛮頭巾	宝プロ
五月二十九日	七〇七	續赤穂城	東映
五月八日	五四八	山びこ学校	八木プロ 日教組

c —19

映画倫理規程審査記録第三十五号

昭和二十七年六月五日発行

発行責任者　池田義信

東京都中央区築地三ノ六

日本映画連合会

映画倫理規程管理部

電話築地(55)二八〇二
〇六九六番

映画倫理規程審査記録

第36号

※収録した資料は国立国会図書館の許諾を得て、マイクロデータから復刻したものである。
資料の汚損・破損・文字の掠れ・誤字等は原本通りである。

36

映画倫理規程

審査記録

27.6.1～27.6.31

日本映画連合会

映画倫理規程管理委員会

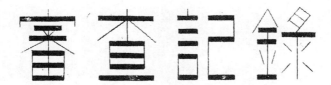

目次

1 管理部記事 …… a～1
2 審査脚本一覧 …… a～6
3 脚本審査概要 …… a～9
4 審査集計 …… b～1
5 審査映画一覧 …… b～4
6 映画審査概要 …… b～11
7 宣傳広告審査概要 …… c～1
8 各社封切一覧 …… c～2

管理部記事

○「映画倫理規程」三周年

昭和廿四年六月十四日を以て発足致しました「映画倫理規程」管理委員会は 今回満三周年を迎えました。高い理想と多難な現実の間に処して、かにかくに所期の目的達成のために大過なき業績を収めて参ることが出来ましたのは、偏えに社会各方面の好意ある御支援によるものであり、茲に改めて深く感謝申上げますと共に 今后一層の御協賛を願って止みませぬ。

発足以来 本年六月十三日迄に映倫が各社協力の下に受付けました審査脚本数は八二五本の多きに上っております。完成した作品で審査を終了したものは長短篇を併せて一七六六本 脚本で述べられた希望件数は二三一八件 製作者と協力して映画の修正の行われたもの二、三〇件となっております。

希望件数二三一八件の内訳は

國家及社会	八三七	法律	五二四
宗教	一九	教育	一七八

風　俗　三〇七　性　二二三
残酷醜汚　二七〇
となります。

○映画と青少年対策研究会

当面の重要問題たる　青少年に対する映画の影響力を検討し　その対策を研究するため六月二十日　新橋クラブに各方面の有識経験者の参集を乞い　意見の交換を行いました。当日の記録をここに掲載致します。

映画倫理規程
　映画と青少年対策研究会報告

日　時――昭和二十七年六月二十日（金）　午后二時―四時
場　所――新橋クラブ
出席者――　　（順不同・敬称略）
　家庭裁判所判事　佐々木利視

最高検察庁検事　平出禾
警視庁防犯部少年課　行木孝雄
文部省社会教育局　金子貞子
国立教育研究所　溝口義方
東京都P・T・A連合協議会　山下幸蔵
映画教育研究家　落合矯一
婦人評論家　山本杉
中央青少年問題協議会　平間修
中央児童福祉審議会　高島巌
浅草興行組合　桐生源七
教育映画等審査分科審議会　関野嘉雄
（主催者側）　池田映倫副委員長
小林専門審査員
外三名

○

映画が日常生活に与える社会的影響力　特にこれが青少年層に及ぼす効果については、

「映画倫理規程」関係に於ても最も重要なる課題としてかねてより研究が続けられ　特に昨年に於ける一連の性に関する描写を取扱った作品の公開問題　所謂「性映画」の上映に対する映倫の審査措置　千葉　新潟両県興行関係者の青少年問題に対する積極的運動などが注目されている折柄　この課題の解決は目下緊要の事案と考えられるため　今回前記の如き有識経験者の諸氏を招き　この問題に関する研究会を開催した

席上

○　映画の青少年に対する影響

○　これに関する補導方策

の二面について終始熱心なる意見の交換が行われたが　出席者諸氏の担当する社会各層の角度より観たる見解を綜合すれば

一、現在　社会――特にジャーナリズムの面に於て云々される映画の悪影響ということは一部にそのような現象が存在するにしても　それは映画そのものより誘致された結果と云わんよりは　むしろその映画の受けとり方　青少年観客の観賞力　批判力　或はこれに対する観覧補導の面に研究の余地ある場合と考えられる。

二、従って　特に青少年層に対しては　これらの人々を護る立場にあるものが、その観賞力の向上と　批判精神の強化のために積極的な補導を行う必要があると共に　民間地域団体等に於て　一日も早く実行機関を結成し　映画関係者と協力し　優秀映画の選

異　上映作品観賞の補導等に乗出すべきである。

三　青少年を護る立場にある家庭や学校の人々に映画そのものをよく観覧させる必要がある。そのような機会と時間があまりに僅少な現状に鑑み　その積極的計画を推進すべきである。

四　昨年末　映画倫理規程が所謂「性映画」について採りつゝある方針は妥当なものであり　一般興行場に於て娯楽映画と共に上映しないという方針を全面的に支持する。

等であった。

審査脚本一覧

会社名	題名	受付日	審査終了日	備考
松竹	嶽の風	五・二六	六・二	
松竹	現代人	五・三〇	六・二	
井上プロ	初恋トコシヤン息子	五・三〇	六・二	
宝塚映画	（仮題）姉妹	五・三〇	六・二	
東宝	東京の恋人	五・三一	六・二	
新東宝	東京のえくぼ	五・三一	六・三	
大映	怪談深川情話	六・五	六・七	
富士映画 セントラル劇場	（仮題）裸になった乙姫様	六・五	六・一〇	
新東宝	歌くらべ荒神山	六・九	六・一一	
新東宝	続チヤッカリ夫人とウッカリ夫人	六・九	六・一一	

松竹	新婚の夢	六・九	六・一二	
大映	二つの処女線	六・一〇	六・一二	「履苗」の改題
大映	新やじきた道中	六・一〇	六・一二	
松竹	ひばりのサーカス 悲しき小鳩	六・一二	六・一三	
電通	殺人容疑者	六・一二	六・一四	
松竹	長兵衛の手紙	六・一三	六・一六	
宝プロ	清水港は鬼より怖い	六・一四	六・一六	
宝塚映画	お江戸太平記	六・一六	六・一七	
勝合映画	(仮題)吉良の仁吉	六・一八	六・二一	
ラジオ映画	思春期の女生徒たち	六・一八	六・二四	
大映	花嫁花婿チャンバラ節	六・二四	六・二五	
大映	すっとび駕	六・二四	六・二五	
大映	續・馬喰一代	六・二四	六・二六	

— 7

製作会社	題名			備考
新映	磯節情話 涙の恋十島	五 三一	六 二七	「磯節情話」の改題
新東宝 東京プロ	慟哭	六 二五	六 二七	
東映	修羅八荒	六 一九	六 二八	
大映	大あばれ孫悟空	六 二七	六 三〇	
新東宝	風雲七化け峠	六 二七	七 三	

◎ 新作品 …………………………… 二八

シナリオ数 ………………………… 二八

内訳＝松竹 五 東宝 一 大映 七 新東宝 五 東映 一 井上プロ 一 宝塚映画 二

富士映画セントラル劇場 一 電通 一 宝プロ 一 ラジオ映画 一

聯合映画 一 新映 一

◎ 審査シノプシス ………………… 二

内訳＝松竹 一 東映 一

脚本審査概要

緑の風　松竹

製作　杉山茂樹
原作　富田常雄
脚本　柳井隆雄
監督　原研吉

理智に富む若い女医と四人の男性の恋愛行動を通じて真実の愛情の姿を求めるメロドラマ

希望事項なし

現代人　松竹

製作　山本武
脚本　猪俣勝人
潤色　斎藤良輔
監督　渋谷実

官庁汚職の一世相を捉えて現代生活の空虚に生れた戦後的な心理と行動を描く

希望事項なし

初恋トコシャン息子	井上プロ

企画　丸尾長顕
製作　井上清
脚本　笠原良三
監督　沼波功雄

堅人の息子が恋を知るまでの下町人情喜劇

シーン12　キャバレーでの踊り　ストリップは避けていただく（風俗）

姉　妹	宝塚映画

脚本　志摩祐二
監督　内村禄哉

京都祇園と宝塚歌劇を舞台とする薄倖の姉妹の愛情物語

希望事項なし

東京の恋人

東宝

製作　熊谷久虎
〃　藤本真澄
脚本　井手俊郎
〃　吉田二三夫
監督　千葉泰樹

ダイヤモンドの指輪をめぐって心美しい人々の人情と事業家の物欲が描き出す諷刺喜劇

希望事項なし

東京の笑くぼ

新東宝

製作　青柳信雄
〃　高木次郎
脚本　小国英雄
監督　松林宗恵

索漠たる事務と虚飾から逃れんとする大会社の社長の行動をかりて　近代都市生活に

人間的情味の復興を求める諷刺喜劇

冒頭バスの中にスリが出るが　その手口をこくめいに描写されては困ること（法律）
その乗客の中の一人にパンパンがいることになっていて　そのハンドバッグの内容（何が
入っているかのべられていまいか）に　婦警が顔をそむけると有るが　その中味は描かな
い方が好いと思う　（風俗）

怪談深川情話	大映

原案　高桑義生
脚本　犬塚稔
監督

弟子と結ばれた男への悲恋に仆れた女師匠にまつわる怪異譚

希望事項なし

裸になった乙姫さま	富士映画 セントラル劇場

製作　中井義
〃　大久保龍一
企画　有馬是馬
脚本
監督　田賀甫

海底を舞台とした音楽舞踊劇

製作意図にある〃女性の体臭より感覚的にとらえ　現代社会の清涼剤としたい〃と云うのは困る　かかる見地からでなく描いて欲しいことを希望　（風俗）

尚　本文中に所々出る裸女は　真の裸でないことを希望　（風俗）

奴隷を鞭打つところ残酷にならぬよう希望　（P.7）　（残酷）

二人の男が乙姫のベッドにしのび込んで抱くのは削除を希望　（P.9）　（性）

大蛤の中から乙姫が出て来るところ　全体として猥褻にならぬよう希望　（P.14〜P.15）　（性）

歌くらべ荒神山	新東宝

製作　杉原貞雄
原案　あをいきくらぶ同人
脚本　八住利雄
監督　斉藤寅次郎

a…13

荒神山の騒動を歌と浪曲で綴った人情喜劇

希望事項なし

續チャッカリ夫人とウッカリ夫人	新東宝

製作　佐藤一郎
原作　ラジオ東京放送脚本
脚本　神谷量平
監督　渡辺邦男

郊外の住宅地の人々が描く明朗生活喜劇

(1) シーン22　九州から出て来た頑鉄と云う青年が「姓は大山　名は巌」などと歌っているとあるが　この唄は当時の軍歌と考えられるし　たってこの歌を必要とするとは思えないので　製作者側の配慮によって適当に代えてほしい　（国家）

(2) シーン44　按摩を相手の相撲は　不具者を愚弄した形にならないよう注意されたい　（残酷醜汚）

(3) シーン90　夢のシーンに出る海戦には　伴奏に軍歌など使用しないよう特に注意されたい　（国家）

（註）

「姓は大山」の歌は「祖国の護り」（昭和十年 西條八十作）ではないかと思わる

新婚の夢	松竹

製作 桑田良太郎
脚本 沢村勉
監督 斉藤宗一

愛情とトラブルの綾なす夫婦生活の明るいスケッチ

シーン4で新介が妻の房子の頬をなぐる件はやめて欲しい（社会）

なお シーン21のモデルになっている女は 裸体でない旨製作者よりたしかめた

二つの處女線（「魔笛」の改題）	大映

企画 米田治
原作 川口松太郎
脚本 三枝皓
監督 久松静児

腹違いの兄弟とその三人の愛人をめぐって家格を超える愛情の強さを描くメロドラマ

希望事項なし

新やじきた道中	大映

大阪の弥次㐂多が五十三次　東下りの時代喜劇

企画　菅沼完二
原作　長谷川町子
脚本　民門敏雄
監督　森一生

希望事項なし

ひばりのサーカス 悲しき小鳩	松竹

製作　山口松三郎
企画　福島通人
脚本　伏見晁
監督　瑞穂春海

母と別れて父の愛の手に護られつゝ旅のサーカスに唄う少女の物語

希望事項なし

殺人容疑者	電通映画社

製作　大條敬三
原作　高峰秀雄
構成　長谷川公之
脚本　船橋比呂志
監督　鈴木英夫

兇悪な殺人犯人を捜査する警察活動の実態を描く

(1) シーン8　女の死体が胸をはだけ髪を乱して鮮血にまみれているのは残酷な感じでないように　又猥褻な感を与えないように希望　（残酷　風俗）
又「性交の跡と見られるようです……」「精液を検出して……」の台詞は削除を希望（性）（二ケ所）
(2) シーン22　「情交を交した……」と云う台詞削除希望　（性）
(3) シーン28　「性交を行った……」の台詞削除希望　（性）
(4) シーン38　ストリップ女優の表現注意希望　（風俗）

(5) シーン91　ピストルで犬を打殺すのは削除希望　（残酷）
(6) シーン102　兼田（犯人）の妹が　兼田が殺人犯になってからパンパンにおちるのは　兼田が縛につかなかった方が良かったと云う感じを残す恐れがあるので　犯人を正当化さないためにも一考されたい　（法律）

長兵衛の手紙	松竹

製作　久保光三
原作　森永武治
脚本　中村定郎
監督　秋山耕作

憎悪院の古手紙を家宝にしてやくざに心酔する若者が　ボスに利用されて始めて自分の愚かさを悟る物語

希望事項なし

a－18

清水港は鬼より怖い
東　映

製作　高村将嗣
脚本　木下藤吉
〃　　友田昌二郎
監督　加藤泰

清水次郎長一家を戯画化した時代喜劇

希望事項なし

お江戸太平記
宝塚映画

脚本　和田長次郎
監督　内村禄哉

南蛮帰りの交易船が太平の江戸に捲き起す騒動を描く喜活劇

希望事項なし

a — 19

吉良の仁吉

聯合映画

原作　尾崎士郎
脚本　小崎政房
監督　〃
　　　天辰大中

幕末の騒然たる物情の中にやくざの道に身を縛られて最期を遂げる青年の悲劇

これは　いわゆる荒神山の講談に材をとってはいるが　三人の青年にその批判の焦点を合わせて物語の展開がされてゆく型をとっている為に　在来の如きやくざ者讃美肯定の映画とは見られない　この点は　製作意図が十分に完成されているとは云えないけれど　作者の良き意向がくみうると思われる　よってその為に　更に仁吉を描く面で　製作意図にもまたシナリオの冒頭にものべられる如く　この時代背景を更にこの人間達の運命とよくからませて　更に批判の完全を期されることが望ましい　これは製作者側も納得され　その方向に更に改訂される旨である（社会）

殊に　シーン38のおうたと仁吉の件　仁吉の述懐はやくざの親分を讃美する印象を無批判に与える心配がある　（社会）

シーン61の大前田が長吉に云う台詞も同様であろう　（社会）

シーン69の次郎長の台詞（仁吉に一方の親分になれとすゝめる）　ここなぞも批判的にあって欲しい　（社会）

シーン129の荒神山へ出掛けた仁吉は　喧嘩をしにゆく型でなく　なることなら事なくおさめ調停するつもりであることにして欲しい　（社会）

思春期の女生徒たち

ラジオ映画

指導　京都深草中学校
〃　木村蔦平
〃　木村武子
後援　深草中学校
〃　同　PTA

性教育短篇映画

全体として製作意図は真面目で　正しい性教育のうち　初潮について教えようとするものであるが　これが映画館で上映される場合　老若男女が同時に観覧することを考える時この映画の意図するものが正しくない形で受取られると考えられる部分を削除して貰うことにした　即ち

(1) P.2　雄鶏がサッと雌鶏の上に乗る　（性）

(2) P.3　かまきりがもつれる　（性）

〃　二羽の蝶が重って羽をブルブルふるわしている　（性）

(3) P14 生き（女）の裸身　（風俗）

(4) P32 "外陰部" と云う言葉　（性）　以上訂正希望

(5) P34 女生徒の影絵で胸　及び腰のふくらみを表現するショット六場面は　注意して乳房などは出さぬよう希望　（風俗）（六ケ所）

(6) P35 以下 P36 "暴行" に関するエピソード全部削除を希望　（性）

(7) P40 "性交" と云う言葉（解説）　（性）

(8) P44 "挿入" と云う言葉（解説）　（性）

(9) P45 性交の説明をする解説四行（三行目↓六行目）　（性）

(10) P45 精子が進入する説明の個所　煽情的でないようにして欲しい　（性）

以上十六ケ所はすべて作品の性格上「教育」に関連する

花嫁花婿チャンバラ節	大映

企画　氷田治
脚本　笠原良三
監督　佐伯幸三

歌と踊りを盛り込んだ男女三組の恋愛喜劇。

希望事項なし

すっ飛び駕
大映

企画　亀田耕司
　　　浅井昭三郎
原作　子母沢寛
脚本　伊藤大輔
監督　マキノ雅弘

所謂「天保六花撰」の人物を中心とした新解釈で恋と人情と正邪の葛藤を描く

(1) シーン25及び27の女湯のお銀　さらにもしバックに浴場に裸女があるならば　それもシナリオののべること「全裸」で描写されては困る　（風俗）

(2) シーン68の三千歳の立膝は　刺戟的でなく演出注意されたい　（風俗）

(3) 同シーンの宗俊が清蔵に語る三千歳のこと　その中の「物心ついて以来の廓そだち」以下の「ここへ遊びに来る」辺りより「これが男だと考えている」迄はもう少し（同じ意味でも）間接的な表現にして欲しい　ここの場合が場合であり注意されたい　（性）

(4) シーン98　お銀の台詞の中の「なめて　吸いついて」とあるが　これも下卑すぎた印象を与えるので訂正されたい　（風俗）

続馬喰一代	大映

企画　加賀四郎
原作　中山正男
脚本　成沢昌茂
監督　島耕二

北海道の大自然を背景に豪快素朴な精神に生きる馬喰父子の愛情を描く

希望事項なし

磯節情話 涙の恋千鳥 （「磯節情話」の改題）	新映

脚本　山崎謙太
〃　高柳春雄
監督　小田基義

水郷地方を舞台とする浪曲悲恋メロドラマ

希望事項なし

慟《とう》哭《こく》

新東宝
東京プロ

製作 星野和平
〃 佐野宏
脚本 猪俣勝人
監督 佐分利信

妻を失った劇作家と旧恋の女優 新鮮な若さに満ちた研究生をめぐって芸術と恋の人間的苦悩を描く

希望事項なし

修羅八荒

東映

企画 大森康正
原作 行友李風
脚本 比佐芳武
〃 村松道平
監督 松田定次

二條城御金蔵破りの盗賊を追う快剣士をめぐって正邪の葛藤を描く時代活劇

希望事項なし

大あばれ孫悟空	大映

原案　高桑義生
脚本　八尋不二
監督　加戸敏

「西遊記」の続篇

希望事項なし

風雲七化け峠	新東宝

製作　竹中美弘
脚本　鏡二郎
監督　並木鏡太郎

埋蔵金の秘密をめぐる正邪の葛藤を描く時代探偵活劇

シーン32　お加代の科白の中
「……私の体を上げます」（性）
「……殺して取ります」（法律）は訂正を希望

審査集計

規程條項	関係脚本題名及希望個所数	集計
1 國家及社会	「続チヤッカリ夫人とウッカリ夫人」(2) 「新婚の夢」(1) 「吉良の仁吉」(5)	8
2 法律	「東京の笑くぼ」(1) 「殺人容疑者」(1) 「風雲七化け峠」(1)	3
3 宗教	希望事項なし	0
4 教育	「思春期の女生徒たち」(16)	16

8—1

5	風俗	「初恋トコシヤン息子」(1) 「東京の笑くぼ」(1) 「裸になった乙姫さま」(2) 「殺人容疑者」(2) 「思春期の女生徒たち」(7) 「すっ飛び駕」(3) 「裸にケった乙姫さま」(2)	16
6	性	「殺人容疑者」(4) 「思春期の女生徒たち」(9) 「すっ飛び駕」(1) 「風雲七化け峠」(1) 「裸になった乙姫さま」(1)	17
7	残酷醜汚	「続ナヤッカリ夫人とウッカリ夫人」(1)	4

8—2

「殺人容疑者」(2)

◎希望事項総数……六四

ℓ—3

審査映画一覧

◎完成

審査番号	題名	会社名	巻数	呎数	製作	企画	原作	脚本	監督	主演
○劇映画										
七〇五	お景ちゃんと鞍馬先生	松竹	九	七、二六一	小倉武志		中野実	津路嘉郎 長瀬喜伴	瑞穂春海	石原雅夫 淡島千景
七二七	父帰る	松竹	五	三、八三五	大町龍夫		菊池寛	長瀬喜伴	堀内真直	河村黎吉 徳大寺伸
六八九	郷愁	松竹	一一	九、二一六	山口松三郎		吉屋信子	橋田寿賀子	岩間鶴夫	佐野周二 轟夕起子
七一〇	続乙女の性典 娘はかく抗議する	松竹	一一	七、六八八	石田清吉		小糸のぶ	沢村勉	川島雄三	高橋貞二 紙京子
七二四	愛情の決斗	松竹	五	三、八八六	山口松三郎			冨田義朗	佐々木啓祐	安部徹 水原真知子
六七三	四十八人目の男	東宝	一二	九、七六七	青柳信雄		大仏次郎	大仏次郎 高橋博	佐伯清	大谷友右衛門 山根寿子

七二一	七〇三	六六九	七〇九	七一二	七二九	七〇八	七一九	七一八
トンチンカン 三つの歌	猛獣使いの少女	滝の白糸	白蘭紅蘭	天保水滸伝 利根の火祭	母子鶴	おかあさん	恋の応援団長	若き日のあやまち
東宝	大映	大映	大映	大映	大映	新東宝	新東宝	新東宝
一〇	一〇	一一	一〇	一〇	九	一〇	九	一〇
七六九〇	八八七二	八九九〇	八二四〇	八三四〇	八四六〇	八七八四	七一八二	八〇六七
加藤譲						永島一朗	坂上静翁	中田雨久
	根岸省三		土井逸雄	高桑義生				
		泉鏡花	藤沢桓夫					
八住利雄	井手俊郎 井上梅次	依田義賢	舟橋和郎 棚田吾郎	柳川真一	舘岡謙之助	水木洋子	井上梅次	植草圭之助
斎藤寅次郎	佐伯幸三	野淵昶	仲木繁夫	安達伸生	小石栄一	成瀬巳喜男	井上梅次	野村浩将
榎本健一 柳家金語楼	岡譲二 江利チエミ	森雅之 京マチ子	山内明 久我美子	坂東好太郎 三浦光子	三益愛子 江利チエミ	田中絹代 香川京子	小林桂樹 関千恵子	竜崎一郎 相馬千恵子

& —5

○予告篇

七三三	風の噂のリル	新東宝	一一	七、九八四	竹中美弘 竹内文			龍野辰雄 須崎勝弥	島耕二	水島道太郎 南寿美子
七一一	霧の夜の光輝	東映	八	七、一九七	マキノ光雄	岡田寿之	並木行夫	松浦健郎	杉江敏夫	岡田英次 浜田百合子
七〇六	はだか大名 前篇	東映	九	七、九七五	高村将嗣		山手樹一郎	木下藤吉	渡辺邦男	片岡千恵蔵 花柳小菊
七三五	はだか大名 後編	東映	八	六、七三〇	高村将嗣		山手樹一郎	木下藤吉	渡辺邦男	片岡千恵蔵 花柳小菊
七二六	「全国戦争未亡人の手記」より いとし子と耐えてゆかむ	東映	一一	九、一七二		栄田清一郎		植草圭之助	中川信夫	水谷八重子 山田五十鈴
四一一	天城の決斗	グラフィック映画	六	五、七一二	浜田英明 大友伸		伊藤和男	越智貞生	伊藤和夫 真弓典生	海江田譲二 日暮里子
六九六	母のない子と子のない母と	新教映	一〇	八、八七五	菅義雄 八名正	劇団民芸	壷井栄	久板栄二郎	若杉光夫	宇野重吉 北林谷栄

七〇一一T	松竹製作ニュース NO.87	松竹		続乙女の性典 娘はかく抗議する

ß－6

六八九－T	松竹製作ニュース NO. 88	松竹		郷愁
六七三－T	四十八人目の男	東宝		
七二一－T	トンチンカン三つの歌	東宝		
六六九－T	大映ニュース 第二〇一号	大映		滝の白糸
七〇九－T	〃 第二〇二号	大映		白蘭紅蘭
七一二－T	〃 第二〇三号	大映		天保水滸伝 利根の火祭
七一五－T	〃 第二〇五号	大映		振袖狂女
七二九－T	〃 第二〇六号	大映		母子鶴
S－一〇九－T	〃 第二〇八号	大映		蘇る影
七〇八－T	おかあさん	新東宝		
七一九－T	恋の応援団長	新東宝		
七一八－T	若き日のあやまち	新東宝		
七三三－T	風の噂のリル	新東宝		

α—7

七一一―T	霧の夜の兇弾	東映		
七〇六―T	はだか大名 前篇	東映		
七三五―T	はだか大名 後篇	東映		
七二六―T	「全国戦争未亡人の手記」より いとし子と耐えてゆかむ	東映		
六八八―T	貞操の街	えくらん社		

○短篇

E―三五七	伸びゆく毎日新聞	毎日新聞社	二 一、八〇〇	
E―三九九	せんたく	日映学芸映画製作所	一 九四五	
E―四二六	都おどり	松竹	三 二、四〇〇	
E―四三一	オール・アメリカン・サーカス	大映	三 二、一四〇	
E―四三三	青年学級	日映学芸映画製作所	二 一、八〇〇	
E―四三六	斗いの記録	第二十三回京都統一メーデー実行委員会	二 一、六六六	
E―四四五	東京踊り 春の饗宴	松竹	三 一、九二三	天然色

8―8

E—四五三	安全生産	東宝教育	二 / 一、三〇〇	三菱電機株式会社企画（一六ミリ）
E—四五五	美しい論争	日東映画	二 / 一、八〇〇	
E—四五七	呼出し電話	モーションタイムズ	二 / 一、六〇〇	三遊亭円歌の落語
E—四五八	一九五二年メーデー	共同映画社	二 / 一、四三〇	
E—四六二	ムービー・ガイド	〃	一 / 一〇〇	ぼたん園髮洗粉の宣伝
E—四六三	躍進する日立造船	日映新社	二 / 一、六〇〇	日立造船株式会社企画
E—四六四	横綱千代の山お菓子の国へ行く	森永製菓(株)	二 / 一、四〇〇	
E—四七〇	千葉県政ニュース No.2	千葉県弘報課 日本[illegible]映画協会	一 / 七〇〇	
E—四七一	新しき日本 広島篇	毎日新聞社	三 / 二、七八六	

○スポーツニュース

P—二一一	ムービー・タイムズ 第二一一号	プレミア		
P—二一二	〃 第二一二号	〃		
P—二一三	〃 第二一三号	〃		

P－二四	ムービー・タイムズ第二四号	プレミア		

○新版

S－一二八	海猫の港	大映	一一 八、六六六	脚本 吉田二三夫 昭和十七年七月製作 ・ 石田吉男 監督 千葉泰樹
S－一二〇	鞍馬天狗江戸日記	日活	七 二、六九九	原作 大仏次郎 昭和十四年製作 脚本 比佐芳武 監督 松田定次

R－10

映画審査概要

○四十八人目の男　東宝

第十二巻　打入り立廻りの移動（二七呎）及びラストの両国橋引上げのシーン（三呎）
削除希望し実行された

○若き日のあやまち　新東宝

性及び風俗に関し　次の如く削除を希望し実行された

(1)第三巻　孝子の読む夫婦雑誌のインサート（三呎）
(2)第四巻　ストリツプ劇場の看板（二ケ所）（七呎）
(3)第五巻　真弓のストリツプの紐がはずれ　乳の露出するカツト（八呎）
(4)同　真弓の脚が露出するカツト（十呎）
(5)第六巻　旅館内　高木が麻子に挑むシーン（十呎）
(6)第七巻　雑木林の中　高木が麻子の上に馬乗りになっている二カツト（一八呎）

○　斗いの記録

第二十三回京都統一メーデー実行委員会

政治的に目立って一方的な主観と感じられる個所を次の如く削除希望し実行された

(1) 解説の個所

「吉田売国自由党内閣の国民をだまし……」の「売国」「だまし」を抹消

(2) タイトル

「南山城の軍事基地を葬れ」を削除

(3) 画面

被害者の写真三枚を削除

(4) タイトル

「かくて怒りに燃えた兄弟たちは明日への斗いを固く固く誓い合った」を抹消

尚全体的に見て政治的色彩が一方的であると云うことは　メーデーを記録として編集したものである以上　これより更に改訂すべきであるか　このままで容認すべきであるかは相当難問題ではあるが　政治的には中立を堅持する態度として担当審査員は敢て後者を選んだ次第である

○　一九五二年メーデー

共同映画社

この映画は先ず内審査の形で台本を映画倫理規程の面で検討を行い　政治的に主張が一方的であると云うことから　全面的なる改訂を希望した　それ故正式に審査した台本はその改訂稿である　しかしその台本によるこの映画も政治的に色彩が余りに一方的であると云う感じを除くために左記の如き個所の削除を希望しなければならなかった

(1) 解説

○一巻目　メーデー大会場に於けるアナウンス「世論に反して」を抹消（一、五呎）

○二巻目　「日本人が　日本の人民広場に入ることが何故いけなかったのだろうか」を抹消（八呎）

(2) 画面

○二巻目　負傷者のスチール画面は　三枚を残して後は削除（二、九呎）

○二巻目　新聞記事三カットを残して後は削除（五七呎）

なお以上の削除の個所については製作者側と再三再四討議を重ね　製作者側の諒解はなり削除が実行された

○ 海猫の港　大映

これは　終戦前製作のものであるが　戦后はじめて公開のはこびとなったもの

(1) 第四巻　日清戦争（一八九四）后の日本の海国思想と戦争に連関した台詞一ヶ所（二九頁）
(2) 第六巻　外国人軽視の呼称一ヶ所（三頁）
(3) 第九巻　当時の戦争叙述の台詞一ヶ所（五二頁）
以上三ヶ所を削除希望し実行された

○　鞍馬天狗　江戸日記　日活

第一巻　〃王政復古云々〃の台詞削除希望し実行された

宣傳広告審査概要

◎ 審査した宣材数

スチール　二四七枚

プレス　二二枚

ポスター　二六枚

撮影所通信その他　二三枚

今月は該当事項なし

各社封切一覧

封切月日	審査番号	題名	製作会社	備考
松竹				
六月 五日	六九〇	華やかな夜景	松竹	
六月十二日	六六三	女のいのち	〃	
六月十九日	七〇五	お景ちゃんと鞍馬先生	〃	
六月十九日	七二七	父帰る	〃	
六月二十六日	七一〇	娘はかく抗議する	〃	
六月二十六日	六七八	息子の青春	〃	
東宝				
六月 五日	七〇四	母を恋う歌	新映	
六月 十二日	六九五	娘十八お転婆時代	宝塚映画	

六月十二日	S-一〇四	越後獅子祭	東宝	新版
六月十九日	S-一〇七	水戸黄門漫遊記	〃	新版
六月十九日	S-一〇三	珍版大久保彦左衛門	〃	新版
六月二十六日	六七三	四十八人目の男	〃	
大映				
六月五日	七〇三	猛獣使いの少女	大映	
六月十二日	六六九	滝の白糸	〃	
六月十九日	七〇九	白蘭紅蘭	〃	
六月二十六日	七一二	天保水滸伝 利根の火祭		
新東宝				
六月五日	六八八	貞操の街	えくらん社	
六月五日	A-四八五	嫁入聟取花合戦	新東宝	新版
六月十二日	七〇八	おかあさん	〃	

c-3

六月十九日	七一九	恋の応援団長	新東宝
六月二十六日	七一八	若き日のあやまち	〃
東映			
六月五日	七二〇	大当り黄金狂時代	東映
六月十二日	七一一	霧の夜の兇運	〃
六月十九日	七〇六	はだか大名前篇	〃
六月二十六日	七三五	はだか大名後篇	〃

C一十

審査記録索引

30号〜35号

題名	脚本 号	脚本 頁	改訂版 号	改訂版 頁	映画 号	映画 頁	宣伝 号	宣伝 頁
○松竹								
稲妻草紙	30	A—11						
老人の誓い	30	A—15						
とんかつ大將	30	b—6						
治郎吉格子	30	b—10						
出世篇	31	b—1						
春風行進曲（早春二重奏と改題）	31	c—6						
紅扇	31	c—8						
風流活殺劍	32	b—5						
東京騎士傳	32	b—3						
鞍馬天狗 天狗廻状	32	c—8						
二つの花	32	c—9						
伊豆の艶歌師	32	c—10						
相惚れトコトン同志	32	c—11						
姉は斗う（女のいのちと改題）	32	b—7						
東京の何処かで（その夜の妻と改題）	33	a—7						
銀座巴里	33	a—8						
母の願い	33	b—11						
ガールフレンド（息子の青春と改題）	33	b—12						
黄色い鞄	34	b—1						

c—5

魔像	34	b-1	34	C-11
腰抜け伊達騒動	34	b-6	35	C-12
月形半平太	34	b-7	35	C-12
灯なりき（郷愁と改題）	34	b-9		
華やかな夜景	34	b-10		
お茶漬の味	34	b-14		
お景ちゃんと鞍馬先生	34	b-19		
娘はかく抗議する	35	a-7		
決斗鳥辺山 お染半九郎	35	a-11		
或る母の姿	35	b-2		
愛情の決斗	35	b-2		
父帰る	35	b-4		
夏子の冒険	35	b-6		
○東宝				
慶安秘帖			30	A-11
ラッキーさん	30	b-3		
風ふたたび	30	b-5		
霧笛	30	b-8	33	C-11
お国と五平	31	C-1		
息子の花嫁	31	C-5		
喧嘩安兵衛	31	C-6		
戦国無頼	31	C-16		
湖底の囚人（影なき狙撃者と改題）	32	b-1		
おかる勘平	32	b-2		
求婚	32	b-4		
恩讐の彼方に —敵討以上—	32	C-4		

C-6

題名	年	記号		
生きる	33	a—7		
浮雲日記	33	b—4		
金の卵	33	b—4		
その夜その朝（四十八人目の男と改題）	33	a—8	34	b—18
三等重役	33	b—8		
旅愁	34	b—5		
若い人	34	b—5		
思春期	34	b—16		
トンチンカン三つの歌	35	b—1	/	
○六映				
晩の母	30	A—12		
西陣の姉妹	30	b—7		
女王蜂	30	b—2		

題名	年	記号		
三萬両五十三次	30	b—6		
呼子星	30	b—12		
阿波の文七帖（阿波狸屋敷と改題）	30	b—12		
修羅城秘聞 妖幻双龍の巻（修羅城秘聞と改題）	30	b—13		
生き返った弁天様	31	b—2		
長崎の歌は忘れじ	31	b—3	31	b—6
修羅城秘聞 疾雲の巻（続修羅城秘聞と改題）	31	c—7	35	c—12
死の街を脱れて	31	c—8		
別れの恋唄	32	c—4		
西遊記	32	c—5		
父恋鳥	32	c—5		
母山彦	32	c—9		
娘初恋ヤットン節	32	c—10		

b—7

安宅家の人々	33	b—6		
銭形平次捕物控 地獄の門	34	b—7		
いついつまでも	34	b—8		
滝の白糸	34	b—13	35	a—6
猛獣使いの少女	34	b—15		
白蘭紅蘭	35	a—7		
振袖狂女	35	a—14		
母子鶴	35	b—5		
天保水滸伝 利根の火祭	35	b—5		
大学の小天狗	35	b—8		
○新東宝				
大空の誓い	30	A—15		
夢去りぬ 新東宝は製作中止「夢はいづこ」と改題し新映プロにて完成	30	b—1	32	c—12

落花の舞	30	b—3				
大当りパチンコ娘	30	b—5				
海賊船	31	b—8				
犬姫様	31	c—1				
魚河岸帝國	31	c—4				
青空浪人	31	c—5				
惜春	32	b—4				
上海帰りのリル	32	b—5	32	c—7	34	c—11
娘十八びっくり天国	32	b—5				
チャッカリ夫人とウッカリ夫人	34	b—4				
貞操の街	34	b—8				
若奥様は御立腹（離婚と改題）	34	b—13				
右門捕物帖 謎の血文字	34	b—14				

c—8

おかあさん	35	a—6		
若き日のあやまち	35	a—13		
恋の応援団長	35	a—15		
風の噂のリル	35	b—8		
○東映				
暁の弾痕	30	A—13		
遊民街の夜襲	30	b—7		
母と子（嵐の中の母と改題）	30	b—11	32	a—11
水戸黄門漫遊記第一部 地獄谷の豪族	31	b—1		
新選組 剣光乱舞の巻	31	C—2		
水色のワルツ	32	b—6	35	C—13
最後の顔役	32	b—7		
水戸黄門漫遊記第二部 伏魔殿の妖城	32	b—9		

酔いどれ歌手	32	c—1	33	c—11
新選組 魔剣乱舞	32	c—2		
お洒落狂女	33	c—6		
栄冠涙あり	33	b—3		
黎明八月十五日	33	b—9		
赤穂城	34	b—2		
恋風五十三次	34	b—8	35	a—12
はだか大名 前篇	34	b—26		
續赤穂城	35	a—5		
忠治旅日記 逢太郎街道	35	a—9		
大当り 黄金狂時代	35	a—15		
霧の夜の光弾	35	a—16		
月の夜の決斗 伏見寺田屋（黒髪地獄と改題）	35	b—3		

b—9

いとし子と耐えてゆかむ	35	b—4						
制服の処女の胸に燃ゆる 乙女の激情（ボート8人娘と改題）	35	b—7						
はだか大名 後篇	35	b—9						
暴力	35	b—9						
○其の他								
情炎峡（芸苑プロ）	30	b—1						
元禄水滸傳（澤田プロ）	30	b—14			31	b—7		
朝の波紋（スタヂオ・エイト・プロ）	32	b—3						
鋸谷の決斗（内外映画）	32	b—7						
川べりの少年達（新日映）	32	c—7						
暁の三十八度線（大京映画）	33	b—7						
太平ぢいさん（春風よ吹けと改題）（東京映画技術研究所）	33	b—3						
鏡山競艶録（春秋鏡山城と改題）（宝塚映画）	33	b—1						
山河を越えて（文芸プロ）	33	b—12						
天草秘聞 南蛮頭巾（宝プロ）	34	b—11	35	a—5				
私の狙った男（宝塚映画）	34	b—11						
母のない子と子のない母と（新教映）	34	b—12						
すゞらんの鐘（新教映）	34	b—12						
踊る街（中村芸高プロ）	34	b—15						
母を恋う歌（新映）	34	b—16						
原爆の子（近代映画協会）	35	a—10						
初恋は波の彼方に（芸苑プロ）	35	a—12						
大高原（ニューカレントプロ）	35	ち—1						
やぐら太鼓（滝村プロ）	34	b—10						
熱海（読売映画社）					30	c—15		
女剣劇の生態（秀映社）					30.	c—15		

c—16

折り鶴七変化（東宝）	30	C—15
裸族（三映社）	32	d—11
私はだまされた（大阪映画人集団）	32	d—11
山びこ学校（八木プロ）	33	C—11
私はシベリヤの捕虜だった（シュウ・タグチプロ）	33	C—12
三日月仁義（東都映画）	33	C—13
荒神山（東都映画）	33	C—13
乞食大将（日活）	33	C—14
続清水港（日活）	33	C—14
雪之丞変化（松竹）	33	C—15
姿三四郎（東宝）	33	5—15
虎の尾を踏む男達（東宝）	33	C—15
富士に立つ影（大映）	33	C—12

都会の奔流（松竹）	34	C—11
恋山彦（日活）	34	C—12
風雲将棋谷（日活）	34	C—12
火廊の響（大映）	34	C—12
ロッパの大久保彦左ヱ門（東宝）	34	C—13
水戸黄門漫遊記（東宝）	34	C—13
護る影（大映）	34	C—13
歌麿（新映社）	35	C—13
柳生大乗剣（日活）	35	C—14
宮本武蔵一乗寺決斗（日活）	35	C—14
山参道（大映）	35	C—15
思い出の記（大映）	35	C—15

C—11

映画倫理規程審査記録第三十六号

昭和二十七年七月五日発行

発行責任者　池田義信

東京都中央区築地三ノ六

日本映画連合会

映画倫理規程管理部

電話(55)二八〇二番

〇六九六番

映画倫理規程審査記録

第37号

※収録した資料は国立国会図書館の許諾を得て、マイクロデータから復刻したものである。
資料の汚損・破損・文字の掠れ・誤字等は原本通りである。

37

映画倫理規程

審査記録

27.7.1～27.7.31

27. 8. 14
図書館

日本映画連合会

映画倫理規程管理委員会

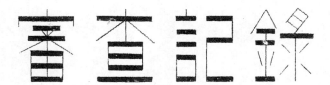

目次

1 管理部記事……a～1
2 審査脚本一覧……a～2
3 脚本審査概要……a～5
4 審査集計……c～1
5 審査映画一覧……c～3
6 映画審査概要……c～10
7 宣伝広告審査概要……c～11
8 各社封切一覧……c～12

管理部記事

○講和発効後における外国映画審査の問題につきましては　早くより関係者の間でいろいろ折衝が重ねられて居りましたが　七月廿四日　外国映画業者の間に懇談会が開かれ　一つの具体案が決定致しました　それは「映画倫理規程管理委員会」の下部組織として「外国映画委員会」を設け　管理部に「外国映画部」を設けて外画の審査を行うことにするというのであります、この件について七月廿五日の管理委員会に於て　永田大映社長並に川喜多東和映画社長の両氏が出席　これまでの経過報告を行い　外国映画審査の機構　構想　運営等について説明　管理委員会の承認を求められました、これに対し渡辺委員長は、委員会を代表してこれを諒承し　具体的事項については池田副委員長が川喜多氏と協力して「外国映画委員会」の委員の交渉を行い　その委員会を開催して決定　急速に業務を実施することとなりました、

○管理委員　三村伸太郎　長瀬喜伴両氏はこの度都合に依り任を辞し　新たに八木保太郎　柳井隆雄の両氏が管理委員を委嘱されました

審査脚本一覧

社名	題名	受付日	審査終了日	備考
新東宝	浅草四人姉妹	六 三〇	七 二	
東宝	上海の女	七 一	七 二	
松竹	丹下左膳	六 三〇	七 三	
東宝	續三等重役	七 二	七 三	
松竹	湯の町しぐれ	七 一〇	七 一一	「湯の街時雨」の改題
東映	暗黒街の鬼	七 九	七 一五	
松竹	牛若丸	七 一一	七 一五	
松竹	彼を殺すな	七 一四	七 一五	「運命の砂」の改題
松竹	此んな私じゃなかったに	七 一四	七 一五	
松竹	女（おかみ）将	七 一四	七 一五	

a — 2

内外映画	火に賭ける男	七一五	七一七	
東宝	結婚案内	七一五	七一七	
松竹	柳生の兄弟	七一六	七一七	「柳生の龍虎」の改題
リリアアルバ(株)	細川ガラシヤ 乱世の白百合	七一六	七一八	
東映	決戦高田の馬場	七一七	七一八	
大映	「偷盗」より 美女と盗賊	七一八	七一九	
東映	母の罪	七一八	七二〇	
東映	クイズ狂時代	七二二	七二四	
新東宝	アチャコ青春手帖	七二四	七二五	
東映	泣虫記者	七二六	七二八	
新東宝	お好み御意見娘	七二六	七二九	
東宝	激流	七二八	七二九	
松竹	坊ちゃん重役	七二八	七三〇	

a—3

◎新作品……………………二三

シナリオ数………………二三

内訳＝松竹　八　東宝　四　大映　一　新東宝　三

東映　五　内外映画　一　リリア・アルベ（株）　一

◎審査シノプシス……………なし

脚本審査概要

浅草四人姉妹　新東宝

製作　坂上静翁
脚本　井手俊郎
〃　橋村美保
監督　佐伯清

女医の姉を頭に四人の娘たちが　浅草情緒の中に描く明るい青春譜

落吉が自分の子供達が女ばかりであることを慨嘆して「あつたら物を落して来たなあ」と云うところ　少し改訂して戴いた方が好いと思う　（風俗）

上海の女　東宝

製作　田中友幸
脚本　棚田吾郎
監督　稲垣浩

終戦時の上海を舞台として中国に育つた宿命の日本娘を中心に　諜報機関の斗争を描

く活劇物

希望事項なし

丹下左膳
松竹

製作　小倉浩一郎
原作　林不忘
脚本　菊島隆三
〃　成沢昌茂
監督　松田定次

百万両の謎を秘めたと伝えられる「こけ猿の壺」の争奪戦を描く時代活劇

希望事項なし

続三等重役
東宝

製作　藤本真澄
原作　源氏鶏太
脚本　松浦健郎
監督　鈴木英夫

「三等重役」の続篇

別に大きな問題はあるべくもないが　腹いせに寝台車の窓からウイスキーの空瓶を外にほうり捨てるのは　禁止されている事項だけに他の演技に代えてほしい　（法律）

また若原が　料亭の女中のお恵に〈君のその貞操を（招待した役人のために）南海産業株式会社に捧げてくれ〉の〃貞操〃を他の言葉に代えられた方がこのましい

シーン59　安ホテルにその役人助川が大野と泊って翌朝の台詞のなかの〈おい昨夜の奴は良かったぞオ　絶対だよ〉とある　その〈奴〉をとってほしい　（性）

勿論　この第二項　第三項は　この映画が喜劇的な諷刺映画である点を考慮すれば　演出如何によってはどうにもなるものと思うが　完成映画においてなお検討したい

a—7

湯の町しぐれ（湯の街時雨の改題）	松竹

製作　佐久保光三
脚本　中村定郎
監督　長島豊次郎

伊豆の伊東に舞台をとる人情と恋愛の浪曲メロドラマ

希望事項なし

暗黒街の鬼　東映

企画　玉木潤一郎
〃　坪井与
脚本　高岩肇
監督　萩原遼

歓楽街に潜む密輸団の掃滅を描く探偵活劇

(1) 早苗と云う花売娘が出るが　これは少女では困るので適当な年齢の女にして欲しい（法律）
(2) フロア・ショウが使われるが　これは全裸などでないよう演出注意（風俗）
(3) シーン20　及び28等に出る賭場に於ける描写は余りオープンな印象でないように注意して欲しい（法律）

牛若丸　松竹

製作　杉山茂樹
企画　福島通人
脚本　八住利雄
監督　大曽根辰夫

宿命のまにまに修羅の時流に身を投ずる牛若丸とその母常盤の苦衷を描く

希望事項、なし

彼を殺すな（「運命の砂」の改題）	松竹

製作　小倉武志
脚本　久板栄二郎
監督　岩間鶴夫

一部落の運命を賭ける防波堤工事をめぐって住民のために戦う快青年を中心に政客と事業家の葛藤を描く

希望事項なし

此んな私じゃなかったに	松竹

製作　小倉武志
原作　北條誠
脚本　池田忠雄
監督　川島雄三

若い天文学者と芸妓のアルバイトをする女子研究生のラブ・ロマンス

希望事項なし

女将（おかみ）	松竹

製作　大町龍夫
原作　北條秀司
脚本　沢村勉
監督　萩原徳三

一人娘を嫁に出す料亭の女将の親心を描く

a—9

健一たちが料亭の二階で歌う替歌（オブシーン的なものとシナリオにあるもの）は　ほどほどのものにして戴く、尚　歌詞を念のため見せて戴ければ幸いである　（風俗）

火に賭ける男	内外映画

製作　伊藤基彦
〃　松崎啓次
脚本　岸松雄
〃　村山俊郎
監督　山本弘之

両国の川開きを彩る打上花火の新工夫に命を賭けた男の意気地と恋の物語

希望事項なし

結婚案内	東宝

製作　藤本真澄
脚本　長谷川公之
監督　杉江敏男

年頃の娘をめぐる人々が描く様々の恋愛と結婚の姿を綴る

全体に問題は何もないが　ただシーン26の背景描写が法医学教室死体解剖になっている
これは演出上注意してやってほしい　（残酷醜汚）

柳生の兄弟
（「柳生の龍虎」の改題）

松竹

製作　市川哲夫
原作　吉川英治
脚本　柳川眞一
監督　内出好吉

柳生十兵エ　又十郎の兄弟とその父但馬守を狙う浪士一味の姉妹をめぐる恩愛の葛藤を描く

これは日活作品「柳生月影抄」と同一原作によるものであるが（同映画は昭和二十五年三月十六日審査終了　映倫No.S-19 C.C.D No.A－一七四四）このたびの新映画化は　その暗黒政治的な面をより背后にかくして描かれているので　かつての映画では隠密という台詞をかなりの部分のぞいてもらったりしたが　ここでは従って大体このまゝとしたい

たゞ　シーン7における民部の台詞のなかの"我々には亡君の御加護がある　亡君のお恨、みをはらす日は必ず来る"と云う政治的な復讐をふくんだ意味の表現は　恨みをはらすと云うよりも、封建的な政治に対する相手方の抵抗として表現する方向に代えられた方がよいとおもわれる（法律）　従ってシーン22の但馬守の台詞（とくにP a-23の部分）などに対照して　手を加えてもらえると一層よいのではないか

またシーン48の（P a-17）由利の台詞〈お殿様は切腹〉以下　主君の恨みをはらすという面

あ—1

よりも、幕府に対する抵抗として一藩が路頭に迷ったといった方を前面に出して台詞に手をいれられるとよいであろう（法律）

これらの点は　日活作品なども参照されるなら　当方の意の在るところも解っていただけるかと思う

細川ガラシヤ 乱世の白百合
リリア・アルバ 株式会社

企画　藤川公成
〃　前川義雄
原作　ヘルマン・ホルヴェルス
脚本　末吉三平
監督　佐藤武

戦国の乱世に在って信仰の一途に生きた細川ガラシヤの半生を描く

希望事項なし

決戦高田の馬場	東映

企画　坪井与
〃　西原孝
〃　佐藤宇之助
脚本　木下藤吉
　　　渡辺邦男
監督　渡辺邦男

中山安兵衛とその起居する長屋の人々の人情を喜劇風に描いた物語

希望事項なし

〃偸盗〃より 美女と盗賊	大映

企画　加賀四郎
原作　芥川龍之助
脚本　八木隆一郎
〃　木村恵吾
監督　木村恵吾

荒廃した平安京に横行する盗賊の群の中に美しい獣の如く生きる女をめぐって兄弟の武士が描く煩悩と解脱の物語

6－3

全体からみて　主題自体は批判的な観点から描かれるにもせよ　非道徳的な面が対象として描かれてゆくだけに　映画となった場合　あるいは心配な点がないでもない　よって演出においてそれらの点を十分に考慮してなされることがのぞましいとおもわれる（社会）

ことに残酷な印象を過度に与えかねない部分もないではないので　その点も注意されたい（残酷）

シナリオの面からは以上のように云うほかない　このような主題である限りある点残酷さも出なければ　十分批判の対象ともなりえないことは当方としても考えている訳であるから　あまり過度にならない限りいいのではないかと考えられる

母の罪	東映

企画　金平軍之助
原作　菊池幽芳（「己が罪」より）
脚本　館岡謙之助
監督　伊賀山正徳

夫に秘めた過去の故に二人の愛児を死に至らしめた母の悲劇

全体的に封建的な讃美にならぬよう演出上注意を希望した（社会）

クイズ狂時代	東映

企画　三上訓利
原案　サトウ・ハチロー
脚本　清島長利
〃　津路嘉郎
監督　佐藤武

ラジオのクイズ自慢の田舎船員が東京の宣伝戦の中で描く喜劇風のラブロマンス

郵便配達夫が手紙の配達を人につとづけるのは好ましくないので訂正を希望したい（法律）

アチャコ青春手帖	新東宝

製作　児井英生
原作　長沖一
〃　東條明
脚本　山崎謙太
監督　野村浩将

落第した青年をめぐる喜劇風のラブロマンス

9－5

希望事項なし

泣虫記者	東映

企画　岡田壽之
原作　入江徳郎
脚本　八木保太郎
〃　船橋和郎
監督　春原政久

新聞社の社会部を舞台として取材活動に明け暮れる記者生活の実態を描く

(1) シーン11「ミラー・フォト」の撮影室の件（年長の女と青年）殊に女の台詞　青年に向って云う「あんたは明るいとこは駄目ね」などやや卑猥を暗示しないでもないが　演出上ここは注意してやれば先ず問題はないと思う（風俗）　ただし　この撮影室を例え新聞記者といえども穴から他人の秘事をのぞくことは違法的な印象をうけるが　この件の前

右に於いて必ずしもこれが肯定されている感じではないので（広告主その他の抗議などの形でもって）これはこのままで好いであろう

(2) シーン53　実写からとられる乱斗のデモ隊と警官のシーンは　余り過度でなく　デモ隊が英雄視されるような印象（勿論出るべくもあるまいが）などは好ましくない（法律）

(3) シーン59　記者のゴテさんの台詞のうち「（後藤記者の妻は婦人警官なのであるが）デモ隊が大嫌いでな　デモ隊員ならキン玉握っちゃうって云っとるそうだヨ……」とある部分他の表現に代えて欲しいものである（風俗）

(4) シーン66　ストリップ劇場の無台描写は従来のように注意して演出ありたい（風俗）

(5) シーン87　老人の台詞は諷刺的意味が含まれているらしいが　このシナリオ面からでは意味の讀みとれない点もあり　尚照会して確める必要がある

6－7

お好み御意見娘

新東宝

製作　伊藤基彦
　　　岡本良介
脚本　村山俊郎
監督　小森白

一人娘を嫁に出すすしやの夫婦の愛情を描く歌謡喜劇短篇

希望事項なし

坊ちゃん重役

松竹

製作　山口松三郎
原作　中野実
脚本　斉藤良輔
監督　瑞穂春海

6—8

一介の平社員として実生活に踏み出した社長の息子が体験する恋と世相の明暗を描く
喜劇調のメロドラマ

希望事項なし

たゞし　提出された脚本文面で長期戦だ　短期戦だと云う言葉が喜劇的に使われるが　その一部に　当って砕けろ　玉砕だとあるところ　その「玉砕だ」のみは止めて貰うことになった（国家）

激流
東宝

製作　田中友幸
脚本　西亀元貞
〃　谷口千吉
監督　谷口千吉

6－9

ダム築造のために湖底に沈む村を背景に　工事場に集まる人々をめぐる正邪愛憎の葛藤を描く

(1)シーン36にある小林教師の台詞にある「その借金のカタに与吉君の妹の藤子ってのが同じ温泉の芸者に身売りした人です」とある表現は　カタとか身売りとか云う直接的な表現をせめて間接にして欲しい（社会）これは小林と云う人物の台詞としてかく云うのであって　他に出てくる百姓やりユウの台詞の中の「身を売る」等には敢てふれない　これは批判の対象としてこのままで好いわけであろう

(2)シーン55　雛菊に向って夜の勤めをくどく女将の台詞「寝巻はあとで届けさせるからね」及びシーン60　藤原の台詞の中の「さっさと行って寝ろ」の二ヶ所は止めて欲しい（性）（二ヶ所）

審査集計

	1	2	3
規程條項	國家及社会	法律	宗教
関係脚本題名及希望個所数	「美女と盗賊」 1 「母の罪」 1 「坊ちゃん重役」 1 「激流」 1	「続三等重役」 1 「暗黒街の鬼」 2 「柳生の兄弟」 2 「クイズ狂時代」 1 「泣虫記者」 1	希望事項なし
集計	4	7	0

c—1

4	教育	希望事項なし		0
5	風俗	「浅草四人姉妹」	1	6
		「暗黒街の鬼」	1	
		「女将」	1	
		「泣虫記者」	3	
6	性	「続三等重役」	1	3
		「激流」	2	
7	残酷醜汚	「結婚案内」	1	2
		「美女と盗賊」	1	

○希望事項総数……………………二二

審査映画一覧

○劇映画

審査番号	題名	会社名	巻数	呎数	製作	企画	原作	脚本	監督	主演
七二三	母の山脈	松竹	九	七、三九六	山口松三郎			野田高梧	佐々木康	若原雅夫 宮城千賀子
七一四	血斗烏辺山 お染半九郎	松竹	一一	八、四六九	杉山茂樹			冬島泰三	冬島泰三	北上弥太郎 谷玲子
七五〇	悲しき小鳩	松竹	一〇	八、一九三	山口松三郎	福島通人		伏見晁	瑞穂春海	美空ひばり 徳大寺伸
七四四	新婚の夢	松竹	五	四、五二〇	桑田良太郎			沢村勉	斉藤泉一	大坂志郎 浅野道子
七三一	緑の風	松竹	一一	九、〇五三	杉山茂樹		富田常雄	柳井隆雄	原研吉	上原謙 高峰三枝子
六八二	若い人	東宝	一一	一〇、一八九	藤本真澄		石坂洋次郎	内村直也 和田夏十	市川崑	池部良 島崎雪子

七四〇	東京の恋人	東宝	一〇	八、六八八	藤本真澄、薦谷久虎			吉田二三夫、井手俊郎	千葉泰樹	三船敏郎、原節子
六二九	喧嘩安兵衛	東宝	一〇	七、八二〇	本木荘二郎		長谷川幸延	松浦健郎	滝沢英輔	市川段四郎、田代百合子
七一五	振袖狂女	大映	一二	八、八九五			川口松太郎	八尋不二	安田公義	長谷川一夫、山根寿子
七三二	大学の小天狗	大映	一〇	八、一七二		根岸省三		菊島隆三	田中重雄	菅原謙二、香川京子
七四二	怪談深川情話	大映	一〇	八、三五四				犬塚稔	犬塚稔	堀雄二、水戸光子
七四八	新やじきた道中	大映	一〇	七、九八〇		菅沼完二	長谷川町子	民門敏雄	森一生	花菱アチャコ、横山エンタツ
七四六	続チャッカリ夫人とウッカリ夫人 ー底抜けアベック三段飛びー	新東宝	九	七、二五四	佐藤一郎	柴田万三	ラジオ東京放送脚本	神谷量平	渡辺邦男	田崎潤、轟夕起子
七四一	東京のえくぼ	新東宝	九	七、八五一	青柳信雄、高木次郎			小国英雄	松林宗恵	上原謙、丹阿弥谷津子
七四五	歌くらべ荒神山	新東宝	一〇	七、八九三	杉原貞雄		あをいき同人	八住利雄	斉藤寅次郎	川田晴久、田端義夫

七五二	清水港は鬼より怖い	東映	九	七、四〇〇	高村将嗣	高橋猗雄		木下藤吉 友田昌二郎	加藤泰	大泉滉 林加寿恵
七五七	修羅八荒	東映	一〇	八、八一八		大森康正 佐藤字畝	行友李風	比佐芳武 村松道平	萩原遼 松田定次	市川右太エ門 宮城千賀子
七三〇	乙女の本能 ボート三人娘	東映	九	七、〇〇〇		小川正 岩井金男		小川正 岡田豊	阿部豊	竜崎一郎 浪路はるか
七五五	母の罪	東映	一〇	八、六一四		金平軍之助	菊池幽芳	館岡謙之助	伊賀山正徳	伊豆肇 柿原啓子
七七九	決戦高田の馬場	東映	一〇	八、七九七	坪井与 西原孝			渡辺邦男 木下藤吉	渡辺邦男	市川右太エ門 笠置シズ子
七三七	初恋トコシャン息子	井上清プロ	一一		井上清	丸尾長顕		笠原良三	沼波功雄	大泉滉 野上千鶴子
七三九	「磯節情話」涙の恋千鳥	新映	九	七、四六四				山崎謙太 高柳春雄	小田基義	星光彰 月丘千秋
七五三	昔話ホルモン物語	宝塚映画	九	六、七二九				和田長次郎	内村禄哉	渡辺篤 八千草薫

c—5

○予告篇

七五〇－T	松竹製作ニュース 第八九号	松竹		悲しき小鳩
七三一－T	〃 第九〇号	松竹		緑の風
六八二－T	若い人	東宝		
七四〇－T	東京の恋人	東宝		
六二九－T	喧嘩安兵衛	東宝		
七三二－T	大映ニュース 第二〇四号	大映		大学の小天狗
七四二－T	〃 第二〇七号	大映		怪談深川情話
七四七－T	〃 第二〇九号	大映		二つの処女線
七四八－T	〃 第二一一号	大映		新やじきた道中
七四六－T	続々ヤッカリ夫人とウッカリ夫人 —底抜けアベック三段跳び—	新東宝		
七四一－T	東京のえくぼ	新東宝		
七四五－T	歌くらべ荒神山	新東宝		

c—6

六六五－T	浅草四人姉妹	新東宝			
六五二－T	清水港は鬼より怖い	東映			
七五七－T	修羅八荒	東映			
七三〇－T	乙女の本能 ボート8人娘	東映			
七五五－T	母の罪	東映			
七七九－T	決戦高田の馬場	東映			
七三七－T	初恋トコシャン息子	井上清プロ			
六五三－T	昔話ホルモン物語	宝塚映画			

○併映短篇

E－四六七	淡い煙の見える丘	電通	二	一、九〇〇	工業技術庁企画
E－四六八	作業安全への道	〃	三	二、七〇〇	東京電力株式会社企画
E－四六九	アド・トーキ 娘たちに	日東映画	一	二〇〇	パインミシンの宣伝

E－四七八	天國の苑	新理研	一	一、〇〇〇	宗教法人世界救世教企画
E－四八二	ムービー・ガイドNo2	中井プロ	一	一一七	新宿西口商店街の宣伝
E－四八三	お国自慢 民謡の旅	茨城県弘報課	二	一、四〇〇	茨城県弘報課企画
E－四八五	花は何故咲くのでしょう	大日本催眠協会（株）	二		性教育映画
E－四八九	千葉県政ニュースNo3	千葉県渉外広報課	一	九〇〇	

○スポーツニュース

P－二二五	ムービー・タイムズ 第二一五号	プレミア			
P－二二六	〃 第二一六号	〃			
P－二二七	〃 第二一七号	〃			
P－二二八	〃 第二一八号	〃			合オリンピック特報 No1 No2 No3
P－二二九	〃 第二一九号	〃			〃 No4 No5 No6

C－8

○外画

ドー一	第三の男	イギリスロンドンフィルム製作 東和映画輸入配給	一二	九、二〇六

c—7

映画審査概要

○花は何故咲くのでしょう　　大日本俳優興業株式会社

婦人上半身の裸体（乳房の見える）のショットを削除するか　又は他の画面と入替えを希望した

c—10

宣伝広告審査概要

スチール

○　若き日のあやまち　新東宝

太股を露わに出した少女がベッド上で青年と抱擁する場面（スチール番号23）は風俗上挑発的の感があるので使用中止方を希望

○　霧の夜の兇弾　東映

画家が横臥する全裸のモデルを描く場面（スチール番号19）は風俗上挑発的の感があるので使用中止方を希望

C—11

各社封切一覧

封切月日	審査番号	題名	製作会社	備考
松竹				
七月二日	七八九	「幻なりき」より 郷愁	松竹	
七月九日	七一四	血闘鳥辺山 お染半九郎	仝	
	七二四	愛情の決闘	仝	
七月十五日	七五〇	ひばりのサーカス 悲しき小鳩	仝	
七月二十四日	七二三	毋の山脈	仝	
七月三十一日	七三一	緑の風	仝	
東宝				
七月二日	七二一	トンテンカン 三つの歌	東宝	
七月八日	六八二	若い人	仝	
七月十七日	七四〇	東京の恋人	仝	

七月二十三日	七三九 四一一	涙の恋千鳥 天城の決闘	新映 グラフィック映画	
七月三十日	七二九	喧嘩安兵衛	東宝	

大映

七月三日	七二九	母子鶴	大映	
七月十日	七一五	振袖狂女	仝	
七月十七日	七三二	大学の小天狗	仝	
七月二十四日	七四二	怪談 深川情話	仝	

新東宝

七月三日	七三三	風の噂のリル	新東宝 綜芸プロ	
七月十日	七四六	続ヤッカリ夫人とウッカリ夫人 —底抜けアベック三段跳び—	新東宝	
七月十五日	七四一	東京のえくぼ	仝	
七月二十四日	七四五	歌くらべ荒神山	新東宝 新芸プロ	
七月三十一日	S－一一四	宮本武蔵 一乗寺決闘	日活	新版

東映

七月三日	七二六	いとし子と耐えてゆかむ	東映
七月九日	七五二	清水港は鬼より怖い	東映 室プロ
七月十五日	七五七	修羅八荒	東映
七月二十三日	七三〇	乙女の本能 ボート8人娘	仝
七月三十一日	七七九	決戦 高田の馬場	仝

C—14

映画倫理規程審査記録第三十七号

昭和二十七年八月五日

発行責任者　池田義信

東京都中央区築地三ノ六
日本映画連合会
映画倫理規程管理部
電話築地(55)〇二八〇二
〇六九六番

映画倫理規程審査記録

第38号

※収録した資料は国立国会図書館の許諾を得て、マイクロデータから復刻したものである。
資料の汚損・破損・文字の掠れ・誤字等は原本通りである。

38

映画倫理規程

審査記録

27.8.1　27.8.31

國立國會
27.9.16
圖書館

日本映画連合会

映画倫理規程管理委員会

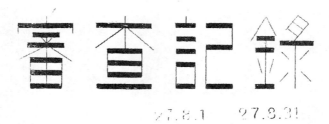

〔目次〕

1 管理部記事……a～1

2 審査脚本一覧……a～5

3 脚本審査概要……a～8

4 審査集計……b～1

5 審査映画一覧……b～3

6 映画審査概要……c～1

7 宣伝広告審査概要……c～3

8 各社封切一覧……c～4

管理部記事

○管理委員　澤大防五郎　野坂三郎両氏は此度　所属会社の都合により辞任されました

○最近　ラジオ（N・H・K）は積極的に映画問題を取上げ　七月三十一日の「私たちの言葉」には『俗悪映画より青少年を救え』と題する名古屋の一聴取者の意見が取上げられ　直ちに管理部より発せられたこれに対する回答意見は　八月四日の同番組に乗って全国に放送されました。又　引続き八月六日の「時の動き」は　外国映画審査の問題を中心に編集され　七月十日に放送された小林勇吉氏の談話にも映倫に関する解説が行われていました。八月十一日の「私たちの言葉」には再び『戦争映画の盛況』についての意見が発表され　直接映倫の業務に触れては居りませんが　この現象についての一東京都民の真剣な所感が述べられていました。

○映画倫理規程を確認し　これを支持した次の如き三つの通牒が発せられておりますのでそれを抜萃してお知らせします

大蔵省税関部長より各税関長宛通牒

「輸出入映画フイルムの取扱いについて」

（昭和二十七年七月三十一日付蔵税第一三一三号）より

○輸入検査について　(ハ)の

(A)関税定率法第十一條第三號による取締に当つては商業映画については一般的に該当しないことと思われるが　特に疑問のあるものについては　当分の間日本映画連合会　映画倫理規程管理委員会等の意見を徴し　該意見を参考として税関に於て慎重に決定すること

○輸出検査について

(ハ)検査の基準については　日本の商業映画については倫理規程による検査を経ているので　輸出貿易管理令別表第一第二十六号については殆んど考慮する必要はない

(3)なお　輸出映画については　輸出承認証の外に　日本映画連合会　輸出映画委員会の上映承認証明書及び譲渡承認証をも併せて可及的に確認すること　その確認を行い得ないものについてはこの間の事情を調査するなど適当な措置を講ずること

2　文部省社会教育局長より各都道府県教育委員会教育長宛通牒

「非民主々義映画の除去等に関する事務の廃止について」

（昭和二十七年八月十四日付雑誌第一四大号）より

4　本省としては　民間映画業界の自主性を尊重し　かつその良識ある行動を期待してこれらの措置に代るべき新たな立法は　現状において考慮していないこと

(A) 今後は　これまで上映禁止等の制約を受けてきた非民主主義映画及び未検閲映画も上映等ができることとなるが　本年四月十八日付で総司令部民間情報教育局長D.Rニユージエント中佐から日本映画連合会に対し発せられた書簡（審査記録34号所載）は　前記映画の取扱に対して　わが国映画業界が今後とるべき方途を希望示唆したものであり　本省としてもこれは映画業界の現況にかんがみ適切と認められるので映画の一般社会に与える影響力の重要性を十分に認識して　次の措置運営を業界側が自主的に行うことは最も望ましいと考えていること

(イ) 非民主主義映画については　日本映画連合会に新設された「保留映画処理委員会」において　公正適切な管理及び処理を行う　この機関によって審議され　公開してさしつかえないと判定された映画は　さらに映画倫理規程管理委員会の審査を経て公開する

(ロ) 未検閲映画については　映画倫理規程管理委員会が直接審査を行い　これを通過したものが公開される

a—3

(ハ)映画業界は　これらの機関で該当映画の審査処理等をうけるよう積極的に協力する

後民間側から、非民主主義映画及び未検閲映画に関し既公等のある場合は　(ハ)項(イ)

(ロ)(ハ)の趣旨により指導されるよう取計らわれたいこと

○国家地方警察本部刑事部防犯課より各都道府県同本部宛通牒

「保安執務資料第　号　禁止映画の措置について」（昭和二十七年五月十九日付）に於て

「保留映画」の処理に関しては「書簡の趣旨（総司令部民間情報教育局長より日本映画連合会宛　審査記録34号所載）にそい　映画倫理規程管理委員会で審査しないもの・（映倫マークのないもの）は上映等をしないという紳士協約に従って処理される運びとなっているから　執務上遺憾のないよう十分配慮せられたい」

と結んでいる。

審査脚本一覧

社名	題名	受付日	審査終了日	備考
宝塚映画	お嬢さま捕物帖 恋の捕縄	七・三一	八・一	
〃	その夜の誘惑	七・三一	八・一	
大映	腰抜け巌流島	八・二	八・四	
大映 新映	佐渡ヶ島悲歌	八・二	八・四	
大映	稲妻	八・四	八・六	
大映	勘太郎月夜唄	八・四	八・六	
新東宝	娘十九はまだ純情よ	八・五	八・六	
新東宝	チョイト姐さん 思いで柳	八・五	八・六	
東宝	足にさわった女	八・五	八・七	
東宝	トンチンカン捕物帖 まぼろしの女	八・七	八・九	

2—5

新東宝 杉原プロ	虎造の清水次郎長傳	八・一一	八・一二	「次郎長と石松」の改題
重宗プロ	モンテンルパ 残された人々	八・一一	八・一三	「残された人々」の改題
松竹	バクさんの艶聞	八・一七	八・一四	
協和映画	欲は云わない	八・一一	八・一四	
松竹	王将一代	八・一二	八・一四	
松竹	お嬢さんお目出度う	八・一三	八・一四	
小川プロ	私は十人の娘を売飛ばした	八・九	八・一九	仮題
松竹	鳩	八・一七	八・二〇	
新東宝 新生プロ	彌太郎笠	八・一九	八・二一	
松竹	あゝモンテンルパの夜は更けて 母は叫び泣く	八・二〇	八・二一	
東映	鞍馬天狗一騎討ち	八・二一	八・二三	
宝プロ	ひよどり草紙 第一部第二部第三部第四部	八・二五	八・二七	
東映	、ギラム	八・二六	八・二七	

第一テレヴィ映画プロ	残燈	八・二六	八・二八
芸苑プロ	さくらんぼ大將	八・二六	八・二八
松竹	未完成結婚曲	八・二七	八・二八

◎新作品……………………二六

シナリオ数……………………二六

内訳＝松竹 六 東宝 二 大映 三 新東宝 四

東映 二 宝塚映画 二 新大映 一 重宗プロ 一

協和映画 一 小川プロ 一 宝プロ 一 第一テレヴィ映画プロ 一

芸苑プロ 一

◎審査シノプシス……………一

流賊黒馬隊（第二部）（東映）

脚本審査概要

お嬢さま捕物帖 恋の捕縄	宝塚映画

脚本
監督　倉谷勇

宿場に起った死体紛失の怪事件が　泊り合せた娘の探偵眼で解決される物語

希望事項なし

その夜の誘惑	宝塚映画

脚本
監督　安達伸生

ふとした誘惑の手に迷って愛妻を裏切ろうとする男ごころの波瀾を描く

希望事項なし

腰抜け巌流島
大映

企画　浅井昭三郎
原案　萩原賢次
脚本　民門敏雄
監督　森一生

「宮本武蔵」の物語に取材した諷刺喜劇

希望事項なし

佐渡ヶ島悲歌
大映　新映

脚本　館岡謙之助
監督　安田公義

死よりも強い若人の恋が　過去の確執にこだわる両家の人々を和解させてしあわせに結ばれる物語

希望事項なし

稲妻	大映

企画　根岸省三
原作　林芙美子
脚本　田中澄江
監督　成瀬巳喜男

父の異なる三人の兄姉と母のはかない生活を凝視しつゝ　ひたすらに純一の世界を求めて生きる娘の姿を描く

希望事項なし

勘太郎月夜唄	大映

企画　亀田耕司
脚本　八住利雄
監督　田坂勝彦

堅気に帰ったやくざ者が悪人の奸計に遇って止むなくこれを斬り　愛する女を救って

縛に就く物語

希望事項なし

娘十九はまだ純情よ
新東宝

製作　井内久
原作　鹿島孝二
脚本　井手雅人
監督　毛利正樹。

デパートの女子野球の明るい女性たちをめぐる音楽喜劇

希望事項なし

チヨイト姐さん思い出柳
新東宝 伊藤プロ

製作　伊藤基彦
企画　柴田万三
原作　阿木翁助
脚本
監督　佐伯幸三

若い医学生と芸妓の恋に花柳界の人情を副えた歌謡曲メロドラマ

希望事項なし

足にさわった女	東宝

製作　藤本真澄
原作　沢田撫松
脚本　和田夏十
〃　　市川崑
監督　市川崑

c—12

女掏摸と若い刑事と知名の小説家とが三つ巴で絡み合う諷刺喜劇

勿論これは掏摸を中心とする物語であるが　この中に出る副人物の一人春子の台詞の中に掏摸をやゝ讃美するきらいの箇所二、三あり　その点注意をされたい（シーン50）（法律）

シーン85の刑事五平太の台詞（さやという女掏摸に対して）

「君は馬鹿だね　僕の好意が分らないのかい」

と　犯行を黙認する印象を与えるが　これは現行犯でもなく　証拠もなくて捕えられない
と云った風な台詞として貰えばこのままでも好いと思う（掏摸は現行犯でなくては捕縛
出来ない由である）

トンチンカン捕物帖 まぼろしの女	東宝

製作　加藤　譲
原作　城　昌幸
脚本　八住利雄
監督　斎藤寅次郎

財宝を秘めた古地図をめぐる殺人事件の捕物帖

a―13

希望事項なし

バクさんの艶聞

松竹

製作　大町龍夫
原作　入江徳郎
脚本　柳川真一
監督　池田忠雄

馳け出し記者が自殺をはかった家出娘に同情した事から遂にその父親の高利貸を改心せしめ　めでたく結ばれる物語

シーン４　マダムの台詞「体ででも払わせてやる」は貞操を意味する恐れがあるので訂正を希望　（性）

2—14

虎造の
清水次郎長伝
（「次郎長と石松」の改題）

新東宝

製作　杉原貞雄
脚本　三村伸太郎
監督　並木鏡太郎

石松代参のくだりから都鳥一家討取の終末まで浪曲で綴る次郎長外伝

(1) 全体としてやくざ讃美の感じはないにしても　しかしこの脚本の次郎長の描き方は　演出によってやくざ讃美の感じになる危険があると思う　この点演出上十分注意して批判的な演出をして戴くとか　或いは脚本を改訂して欲しい　（社会）

(2) 次郎長が保下田の久六を叩っ斬ったところ（シーン12）このままでは明かに暴力肯定であると感じられる　叩っ斬ったなどと云うことが正当化されているのも困るしおまけに何故に保下田の久六を叩っ斬ったのかと云うことが分らないのだから　ここの個所はいよいよ不可である　脚本の改訂を希望する　（社会）

(3) 次郎長が都鳥兄弟を討つところで　この脚本は次郎長が石松の仇を討つのであると云う点を強調し過ぎているが　これは改訂して貰いたいと思う　（法律）

モンテンルパ 残された人々 （「モンテンルパの死刑囚 残された人々」の改題）	重宗プロ

製作　重宗和伸
脚本　青江舜二郎
監督　村田武雄

戦犯の名の下にフィリッピンの獄窓に在る人々をめぐって一日も早い内地送還を祈る悲願を綴る

特異な題材であるから　国際感情を充分尊重されて　慎重に製作して戴きたい　（国家）
尚　傍題の「死刑囚」は他の言葉に　作中死刑の描写はより間接的なものに変更される由である

慾は云わない	協和映画

製作　三好清春
企画　三雲満太郎
〃　北賢二
脚本　芹沢晃
監督　磯貝隆

失業苦から悪の道へ転落した男が　妻の愛情に支えられて更生する物語

希望事項なし

王将一代
松竹

製作　小倉浩一郎
原作　北條秀司
脚本　菊島隆三
　　　伊藤大輔
監督　伊藤大輔

将棋と共に生き　不世出の名を止めた大阪の鬼才阪田三吉の半生を描く

希望事項なし

お嬢さんお目出度う
松竹

製作　久保光三
原作　長谷川幸延
　　　（「丁稚あがり」より）
脚本　津路嘉郎
監督　萩山輝男

父亡きあとの老舗を背負って苦斗するお嬢さん社長とそれを助ける番頭の息子のラブロマンス

希望事項なし

（仮題）
私は十人の娘を賣飛した

小川プロ

原作　深田徹
脚本　小川正

大都会に潜む人身賣買業者の実態を衝くセミドキュメンタリー作品

(1) 題名についてであるが　製作者側の自主的な申出もあって　これは変更になる予定である

(2) 内容に関しては　製作意図（人権擁護・人身賣買反対）を十分に生かすため　個々について製作者側と協議した　それは別項の如きものである

(3) この作品が製作意図にもかかわらず　宣伝の面でもし過度な強調歪曲等があっては　我等の審査の苦心をむなしうする印象を一般に与えかねない心配があるので　スチール　宣伝文句等　配給社の方で十分に注意してやって貰うことを条件とし　これを製作者より配給社へ伝えて貰うことを約束した

(4) 脚本については次のような訂正をして貰うこととなった

(イ) 最初の解説字幕は　この主人公の警察での告白と云った型でなされ　途中二三ヶ所出る篇中の述懐もこの続きの型式でやって貰うこと　これは　この題材の反道徳的な印象を観客に肯定せしめない為である　（社会）

(ロ) シーン13の注射中毒の政　注射器など具体的にみせない演出を乞う　（法律）

(ハ) シーン22　政の台詞「女は一したい放題だ」訂正のこと　（性）

(ニ) シーン40〜46のエピソード　殊に人々の同座の目前でとし子を強姦せしめる件は　向接的な描写にとどめ　これを主人物の（冒頭のものの続きとして）告白解説でむしろ批判的に補う型をとって貰う（性）　シーン51の次の解説も　この告白に自己反省の色を加えて貰うこと（社会）

(ホ) シーン73　この初枝を強姦せしめんとする台詞　行動を向接にして演出注意のこと（性）

(ヘ) シーン92　「初枝を裸にする」は　せめてシミューズ姿にとどめる　（風俗）

(ト) シーン102　初枝の台詞「今に一晩中してやる」はとって欲しい　（性）

(チ) シーン107よりあとに出る女達のそれぞれの部屋　ベッド　蒲団等を明らさまに見せないよう演出注意　（性）

(リ) シーン156　テル子の台詞の「ド淫賣」はそのままにして　とし子のそれをうけての次の「ド淫賣」は止めて欲しい　なるべくなら「こんな女に誰がしたんだ」と云ったも

のに代えて欲しい　（性）

(又)シーン185の終　深田の述懐の最后は更に批判的に強調追加して貰うことに予った

（社会）

鳩	松竹

製作　山本武
脚本　中山隆三
監督　野村芳太郎

伝書鳩を愛育する少年達の実話に取材した友情物語

希望事項なし

弥太郎笠	新東宝 新生プロ

製作　星野和平
企画　佐野宏
原作　子母沢寛
脚本　松浦健郎
監督　マキノ雅弘

旅鳥りやんこの弥太郎が木曽路の宿場に薄倖の娘を助け悪を懲す物語

この映画は　悪人である大八に対する復讐　仇討と云った展開を避けるため　脚本はその点を苦心されてあって　最后の解決がそのような点を避けてもっていってあるのは幸いだが　篇中ところどころに出てくる諸人物の「仇討」「仇」と云った言葉をなるべく避けてやって欲しいと思われる　つまり解決がそのように上手くもっていってある丈けに　弥太郎が虎太郎の墓前で云う告白にも　仇討でなく　自分のふとした言葉によって不幸をもたらした悪人達をそのままにしておくことが出来ぬ正義感をにおわして　その意味の言葉を附加えて貰うと好いと思われる　（法律）

尚　やくざの姿態を美化したり（社会）　或は賭博シーンを余り具体的に描いたり（法律）しないよう　演出上注意を願いたい　またかかる映画は宣伝の際　とかくやくざ讃美の文句が過度に出がちであるので　その点特に注意を願いたい旨伝えた

モンテンルパの夜は更けて 母は叫び泣く	松竹

製作　山口松三郎

脚本　清島長利

監督　佐々木啓祐

比島の獄窓に在る実子を慕いつつ 今また二十年愛育の義理の娘を奪われんとする母の悲劇

希望事項なし

鞍馬天狗一騎討ち	東映

製作 竹中美弘
原作 大佛次郎
脚本 民門敏雄
監督 萩原遼

風雲の京洛に鞍馬天狗の活躍を描く時代活劇

希望事項なし

ひよどり草紙
第一部 第二部
第三部 第四部

宝プロ

製作 高村将嗣
企画 衛藤一三
〃 マキノ眞三
原作 吉川英治
脚本 野島信吉
監督 加藤泰

父親の命をかけた紅ひよどりを追う若侍と娘をめぐつて展開する正邪角逐の時代活劇

希望事項なし

残燈

第一テレヴイ映画プロ

製作 望月利雄
〃 小笠原久夫
原作 川内康範
脚本 川内康範
〃 眞弓典正
監督 小田基義

a—23

遠く異郷に在る愛人を慕う芸妓の悲恋を描く音楽メロドラマ

清司が全くの無実の罪に問われていると云う印象を与えぬよう希望（法律）
以上により自主改訂版が提出されたが　新に書き加えられたシーン85の待合の帳場で客が水揚げの受取を要求する場面は余りに悪趣味につき削除を希望した（性）

ギラム	東映

製作　マキノ光雄
企画　松崎啓次
〃　浅田健三
原作　唐木隆司
脚本　高岩肇
監督　小石栄一

終戦の後　一団の日本兵がギラム（太鼓）鳴りひびく南海の部落に原住民と営んだ数奇な生活の記録

希望事項なし

さくらんぼ大将

芸苑プロ

製作　石田達郎
原作　菊田一夫
脚本　清島長利
監督　田中　研

さくらんぼ実る村に明るく生きる少年と好人物の医者が大都会に旅してさまざまの世相と人情に触れるエピソードを綴る

希望事項なし

未完成結婚曲

松　竹

製作　大町龍夫
脚本　淀橋太郎
監督　穂積利昌

相愛の二人を結ばせて淋しく恋を諦める男の話―喜劇調のラブ・ロマンス

希望事項なし

審査集計

規程條項	関係脚本題名及希望個所数		集計
1 国家及社会	「清水次郎長伝」	2	7
	「モンテンルパ」	1	
	「私は十人の娘を売飛した」	3	
	「弥太郎笠」	1	
2 法律	「兄にさわった女」	1	6
	「清水次郎長伝」	1	
	「私は十人の娘を売飛した」	1	
	「弥太郎笠」	2	
	「残燈」	1	
3 宗教	希望事項なし	0	

6--1

4	教育	希望事項なし	0	
5	風俗	「私は十人の娘を売飛した」	1	1
6	性	「パクさんの醜聞」	1	8
		「私は十人の娘を売飛した」	6	
		「残燈」	1	
7	残酷醜汚	希望事項なし		.

○希望事項総数……………二二

6—2

審査映画一覧

○劇映画

審査番号	題名	会社名	巻数	呎数	製作	企画	原作	脚本	監督	主演
七七三	こんな私じゃなかったに	松竹	九	七八九三	小倉武志		北条誠	池田忠雄 川島雄三	川島雄三	川喜多雄二 水原真知子
七七〇	湯の町しぐれ	〃	五	三九二二	久保光三		荻原四郎	中村定郎	長島豊次郎	高橋貞二 井川邦子
七六四	丹下左膳	〃	十	八二〇〇	小倉浩一郎		林不忘	菊島隆三 成沢昌茂	松田定次	阪東妻三郎 淡島千景
七八七	坊ちゃん重役	〃	十	八一一四	山口松三郎		中野実	斎藤良輔	瑞穂春海	鶴田浩二 岸恵子
七三六	現代人	〃	十二	一〇〇五一	山本武			猪俣勝人	渋谷実	池部良 小林トシ子
七九八	バクさんの艶聞	〃	五	三九一九	大町龍夫		入江徳郎	柳川真一	池田忠雄	川喜多雄二 小林トシ子

6—3

七七八	柳生の兄弟	松竹	九	七、七三四	市川哲夫		吉川英治	都川真一	内出好吉	北上弥太郎 草間百合子
七六七	上海の女	東宝	十	九、一〇九	田中友幸			棚田吾郎 稲垣浩	稲垣浩	山口淑子 三國連太郎
六九一	思春期	〃	十	八、七六六	田中友幸			棚田吾郎 丸山誠治	丸山誠治	三國連太郎 岡田茉莉子
七六八	続三等重役	〃	十	九、一六〇	藤本真澄		源氏鶏太	松浦健郎	鈴木英夫	河村黎吉 森繁久弥
七四七	二つの処女線	大映	十	八、五二五		米田治	川口松太郎	三枝皓	久松静児	根上淳 久我美子
七五八	花嫁花婿チャンバラ節	〃	十	七、六二五		米田治		笠原良三	佐伯幸三	長谷部健 若尾文子
七五九	すっ飛び駕	〃	十	九、〇七〇		亀田耕司 浅井昭三郎	子母沢寛	伊藤大輔	マキノ雅弘	大河内伝次郎 三浦光子
七六〇	続馬喰一代	〃	十	九、二二九		加賀四郎	中山正男	成沢昌茂	島耕二	市川頬之助 轟夕起子
七六二	六あばれ猿居空	〃	十	七、八〇〇				八尋不二	加戸敏	阪東好太郎 若杉曜子

七六五	浅草四人姉妹	新東宝	八	七、五四〇	坂上静翁			井手俊郎 橋村美保	佐伯清	山内明 相馬千恵子
七六三	風雲七化ケ峠	新東宝 綜芸プロ	十	八〇〇二	竹中美弘			館二郎	並木鏡太郎	嵐寛寿郎 三原葉子
七八三	アチャコ青春手帖（東京篇）	新東宝	八	七三七〇	児井英生		長沖一 東條明	山崎謙太	野村浩将	アチャコ 木匠マユリ
七三四	暴力	東映	九	七七九七	大森康正 山田典吾			新藤兼人	吉村公三郎	日高スミ子 菅井一郎
七六九	暗黒街の鬼		九	七六三八		玉木潤一郎 坪井与		高岩肇	佐々木康	片岡千恵蔵 御園裕子
七一三	原爆の子	近代映画協会	十	八、二〇〇	吉村公三郎			新藤兼人	新藤兼人	滝沢修 乙羽信子
七四三	裸になった乙姫さま	富士映画 セントラル劇場	五		中井義 大久保龍一	有馬是馬		田賀浦	杉並大介	邦ルイズ 西はるみ
七四九	殺人容疑者	電通 D・R・プロ	八	七二〇五	大條敬三		高峰秀雄	船橋比呂志	鈴木英夫	
七五四	女生徒の性教室	ラジオ映画	五	四二二八	指導 木村荘平 木村武子 後援 浅草中学校・同P.T.A					

七五六	遊侠一代	聯合映画	十	八一九七	東條潔	佐伯隆敏	尾崎士郎	小崎政房	小崎政房 天只大中	田崎潤 野上千鶴子
七八八	お嬢さま捕物帖 恋の捕縄	宝塚映画	八	六六七七				倉谷勇	倉谷勇	梓真弓 尾上さくら

○ 予告篇

七六〇―T	松竹製作ニュース 第九一号	松竹		丹下左膳
七八七―T	〃 第九二号	〃		坊ちゃん重役
七三六―T―一	現代人	〃		特報
七三六―T―二	松竹製作ニュース 第九五号	〃		現代人
七六七―T	上海の女	東宝		
六九一―T	思春期	〃		
七六八―T	続三等重役	〃		

8―6

七五八－T	大映ニュース 第二一〇号	大映		花嫁花婿チャンバラ節、競馬喰一代（特報）
七五九－T	〃 第二一二号	〃		すっ飛び駕、競馬喰一代（特報第二）
七六〇－T	〃 第二一三号	〃		競馬喰一代、美女と盗賊（特報）
七六二－T	〃 第二一四号	〃		大あばれ孫悟空、いついつまでも（特報）
七六三－T	風雲七化け峠	新東宝 綜芸プロ		
七八三－T	アチャコ青春手帖	新東宝		
七七五－T	チヨイト姐さん思いで柳	〃		
七六九－T	暗黒街の鬼	東映		
七四三－T	暴力	〃		
七八一－T	クイズ狂時代	〃		

七四九－１－T	殺人容疑者	電通 D・F・プロ
七五六－１－T	遊侠一代	聯合映画

○ 併映短篇

E－四七九	夢の笛	S・C・P	一	八三〇	天然色お伽漫画
E－四八〇	生れ変る自動車群	新理研	二	一、三〇〇	
E－四八四	港の一日	函館スクールプロ 北日本映画	一	九〇〇	
E－四八七	おしゃれの科学 美しくなる秘訣	電通 D・F・プロ	一	九九〇	
E－四八八	警察予備隊の記録	〃	四	三、四一一	
E－四九一	わがふるさとの町	日映科学映画製作所	三	二、六八〇	国民健康保険普及映画
E－四九三	私たちの保健所	大阪市生野保健所	二	九五〇	

E-四九五	開場迫る 日活スポーツセンターだより No.6	日活宣伝部	一 三五〇	
E-四九六	砂鉄	読売映画社	二 一、八〇〇	日曹製鋼株式会社企画
E-四九八	黒ん坊大会	日東映画 森永製菓㈱	一 八〇〇	

○ニュース

D-二一九	ムービー・タイムズ 第二一九号	プレミア		
D-二二〇	〃 第二二〇号	〃		
D-二二一	〃 第二二一号	〃		
D-二二二	〃 第二二二号	〃		
D-二二三	〃 第二二三号	〃		

○新版

S—一三一	虎造の荒神山	東宝	六	四、九三六	製作 森田信義 脚本 八住利雄 監督 青柳信雄 昭和十五年六月製作
S—一三二	東海水滸伝	大映	九		企画 松山英夫 製作 服部静夫 脚本 八尋不二 監督 伊藤大輔 昭和二十年七月製作
S—一三三	宮本武蔵	日活	一三	一〇、九九九	原作 吉川英治 脚本 稲垣浩 植本宏 監督 稲垣浩 昭和十五年三月製作 旧禁止映画
S—一三四	荒獅子	〃	八	六、四三五	脚本 比佐芳武 監督 松田定次 昭和十三年十二月製作 旧禁止映画

映画審査概要

○二つの處女線　大映

寝室の場面一部自主的に削除された（三呎）

○すっ飛び駕　大映

河内山が直侍を刺すところ　殺されないような印象を与えるよう希望し実行された（二六呎）

○暴力　東映

ストリップ劇場の看板（女の前面裸体）三・五呎除いて貰った

なお　この映画の中で軍艦マーチか街頭放送で聞えてくるシーンがあるが　ここは戦争批判の材料として使われているものでこのままとした　ここの画面は　戦争で不幸になった父と　その娘とが天王寺美術館前の階段で語り合うシーンで　あたかもその背景にはピカソのゲルニカが広告に使われた展覧会の画なども特に出てくるものである　かかる軍歌の

使用（音も背景として使われているものだけに　小さい音である）は問題となるべきものではないであろう

○　裸になつた乙姫さま　　富士映画
セントラル劇場

女の乳房露出場面六ヶ所削除希望し実行された

○　女生徒の性教室　　ラジオ映画

風俗上不可と思われるところ六ヶ所削除希望し実行された（一五二呎）

○　虎造の荒神山　　東宝

やくざの生態に関し不可と思われる個所四カット削除希望し実行された

○　東海水滸傳　　大映

やくざの生態に関し不可と思われる個所三カット削除希望し実行された（四四呎）

○宮本武蔵　総集版　日活

これはかつての所謂禁止映画であるか　上　中　下　三篇にしてとられたものを（廿一巻のものを十三巻にした）一篇にした為　所謂吉川武蔵の剣の神秘化などの精神的な面の描写は凡て無くなり　この限りではこれは問題ないものと思われる

更にもし短くされる場合があるならば　江戸城から武蔵か下ってくるところ　下馬の道で権之助と語る言葉を除かれれば　一層当方の心配は少くなると思う　ここで一応形は批判的　否定的にではあるが　剣の真髄にふれた台詞あり　或は却って誤解をまねくことがないとも云えないので　そのように処置されると好い旨伝えた　しかし　このままで必ずしも悪いと云うのでは決してない

宣伝広告審査概要

○該当事項なし

各社封切一覧

封切月日	審査番号	題名	製作会社	備考
松竹				
八月七日	七四四	新婚の夢	松竹	
	七七三	此んな私じゃなかったに	松竹	
八月十四日	七六四	丹下左膳	松竹	
	七七〇	湯の町しぐれ	松竹	
八月二十一日	七八七	坊ちやん重役	松竹	
八月二十八日	七七八	柳生の兄弟	松竹	
	七九八	バクさんの艶聞	松竹	
東宝				
八月六日	七三七	初恋トコシヤン息子	井上プロ	
八月十三日	七六七	上海の女	東宝	
八月二十一日	S―八一	小判鮫総集版 愛憎七変化	東宝 新演伎座	新版
八月二十八日	六九一	思春期	東宝	

C―4

大映			
八月七日	七四七	魔笛より 二つの處女録	大映
八月十四日	七四八	新やじきた道中	大映
	七五八	花嫁花婿チャンバラ節	大映
八月二十一日	七五九	すっ飛び駕	大映
八月二十八日	七六〇	競馬一代	大映
新東宝			
八月七日	七六五	浮草四人姉妹	新東宝
八月十四日	七六三	風雲七化け峠	新東宝 綜芸プロ
八月二十一日	七四九	殺人容疑者	電通DFプロ
八月二十八日	七八三	アチャコ青春手帖	新東宝
東映			
八月七日	七五五	母の罪	東映
八月十四日	七六九	暗黒街の鬼	東映

八月二十一日	七五六	遊侠一代	聯合映画	
八月二十六日	七三四	暴力	東映	
八月六日	七一三	原爆の子	近代映協 劇団民芸	広島市特別公開

映画倫理規程審査記録　第三十八号

昭和二十七年九月五日発行

発行責任者　池田義信

東京都中央区築地三ノ六
日本映画連合会
映画倫理規程管理部
電話築地(55)二八〇二 〇六九六番

戦後映倫関係資料集　第1回

第3巻　映画倫理規程審査記録（2）

2019年 7 月25日　発行

監修・解説　中　村　秀　之
発行者　椛　沢　英　二
発行所　株式会社 クレス出版
東京都中央区日本橋小伝馬町 14-5-704
☎ 03-3808-1821　FAX 03-3808-1822
印　刷　株式会社 栄　光
製　本　東和製本 株式会社

乱丁・落丁本はお取り替えいたします。
ISBN978-4-86670-060-1（セット）C3374　¥60000E